网络环境下的图书馆移动阅读服务

曾 维 路芙蓉 刘 娟◎著

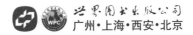

世界图书出版公司

广州·上海·西安·北京

图书在版编目（CIP）数据

网络环境下的图书馆移动阅读服务 / 曾维，路芙蓉，刘娟著. -- 广州 ：世界图书出版广东有限公司，2019.12

ISBN 978-7-5192-7203-6

Ⅰ．①网… Ⅱ．①曾… ②路… ③刘… Ⅲ．①移动通信－互联网络－应用－图书馆服务－研究 Ⅳ．①G252-39

中国版本图书馆 CIP 数据核字 (2020) 第 070102 号

书　　名	网络环境下的图书馆移动阅读服务
	WANGLUO HUANJING XIA DE TUSHUGUAN YIDONG YUEDU FUWU
著　　者	曾　维　路芙蓉　刘　娟
责任编辑	刘正武　曹桔方
装帧设计	博健文化
责任技编	刘上锦
出版发行	世界图书出版广东有限公司
地　　址	广州市新港西路大江冲25号
邮　　编	510300
电　　话	020-84451969　84453623　84184023　84459579
网　　址	http://www.gdst.com.cn
邮　　箱	wpc_gdst@163.com
经　　销	各地新华书店
印　　刷	广州市迪桦彩印有限公司
开　　本	787mm×1092mm　1/16
印　　张	11.25
字　　数	192千字
版　　次	2019年12月第1版　2019年12月第1次印刷
国际书号	ISBN 978-7-5192-7203-6
定　　价	45.00元

前　言

　　随着社会经济的快速发展，人们的生活节奏也越来越快，对于任何一种事物，人们普遍追求着快捷和方便。移动互联网正在深刻地改变着信息时代社会生活的各个方面，人们可以不受时空限制，享受移动互联网带来的方便和快捷。伴随移动互联网时代的来临，传统的图书馆服务面临着新的挑战和机遇，这就使得移动阅读成为一种新的阅读形式。移动阅读能够让读者利用空闲时间实现碎片化阅读，在获取阅读服务上摆脱时空限制，因此，受到广大读者的追捧和喜爱。信息技术的发展和数字出版的繁荣为移动阅读服务提供了应用技术和阅读资源的大力支持，移动阅读带来了阅读习惯的改变。以图书馆为代表的文化服务单位也应当与时俱进，顺应新的阅读需求开展移动阅读服务，移动阅读服务将成为现代图书馆的核心竞争力。通过对图书馆移动阅读服务的理念及其主要模式进行重点研究，我们认为，国内图书馆在移动阅读服务过程中会形成不同的应用模式，移动阅读服务在我国必定会拥有更广泛的发展前景，得到更为广泛的应用。

目　录

第一章 网络环境下的图书馆服务理念

第一节 服务理念

一、服务的概念及特征

（一）服务的概念

提到"服务"二字，几乎人人都不陌生。明白什么叫作"服务"，是做好服务工作的第一步。只有对服务有了正确的理解和认识，才能建立正确的服务意识。有人说，服务就是帮忙；也有人说，服务就是尊重；还有人说，服务就是关怀，服务就是仁义……但是这些表述都不够准确和完整。那么，究竟什么叫作"服务"呢？

一切满足他人需要的行为，都叫作"服务"。如营业员笑脸相迎，满足了顾客对快乐的需要；把电冰箱卖给顾客，满足了顾客在家中保鲜食物的需要；商场安装电梯，满足了顾客省力的需要等。微笑的行为、销售冰箱的行为，以及商场安装电梯的行为，都是服务行为。

服务营销学者斯坦通指出："服务是一种特殊的无形活动。它向客户或工业用户提供所需的满足感，与其他产品销售和其他服务并无必然联系。"

美国市场营销协会给"服务"下的定义："用于出售或者是同产品连在一起提供满足的不可感知的活动。"该机构之后又给出新的定义："可被区分界定，主要为不可感知，却可使欲望得到满足的活动，而这种活动并不需要与其他产品或服务的出售联系在一起。生产服务时可能会或不会需要利用实物，而且即使需要借助某些实物协助生产服务，这些实物的所有权也不涉及转移的问题。"

美国康奈尔大学提出了服务的通俗含义，即 S，微笑待客（smile for everyone）；E，精通业务（excellence in everything you do）；R，亲切友善（reaching out to every customer with hospitality）；V，特别对待每一位顾客（treating every customer as special）；I，再度光临（inviting your customer to return）和 E，目送关怀（eye contact that shows we care）。

服务营销界所提出的服务的定义和含义，对图书馆服务工作同样有指导意义。海尔的"用户永远是对的""帮助用户的成功就是企业的成功"以及"海尔卖的不是产品，而是为用户提供某个方面服务的全面解决的方案"等观念，正是在这种朴素的服务营销观念的指导之下提出的。海尔以其完美的服务在消费者心目中树立了上佳的品牌形象。此外，荣事达的"红地毯"服务、新飞冰箱的"绿色"服务、TCL 的 8S 金钻服务、波导的 5S 温馨服务等，都吸引了许多消费者。它们实际上都展示了一种精细的服务营销理念。

从这些"服务"的定义可以看出，服务并不高深莫测；相反，服务别人和被别人服务普遍存在于每个人的日常生活之中。在我们的人际交往过程中，除了极端的矛盾、斗争关系，大部分情况下都呈现出互相帮助与相互合作的关系。

在市场经济社会中，服务同其他有形产品一样，是能满足不同消费者需求的非实物形态的产品，是在服务提供者和服务提供系统的帮助下，消费者参与生产并从中获得体验的过程。

（二）服务的特征

1. 无形性

同有形产品不同，服务在很大程度上是无形的和抽象的。由于服务是无形的，顾客很难感知和判断其质量和效果，不可感知性是服务最明显的特征。消费者在购买服务之前，往往无法确定能得到什么样的服务，也无法明确说明他们希望得到什么样的服务。无形的服务更多的是通过服务实施以及服务手段等有形线索来判断的。

2. 差异性

一方面，服务的构成成分及其质量水平经常变化，很难统一界定；另一方面，由于顾客直接参与服务的生产与消费过程，顾客本身的因素（如知识水平、兴趣和爱好等）也直接影响着服务的质量和效果。服务营销过程中产生的差异，易使顾客对企业及其提供的服务产生"形象混淆"。

3. 不可分离性

因为服务过程和消费过程同时发生，所以服务与消费不能分离。顾客往往直接参与服务的生产过程，在这一过程中同服务人员进行沟通和互动，从而享受服务的使用价值。

4. 易逝性，即不可储存性

服务的无形性和不可分离性，以及服务生产与消费的同时进行，使得服务不可能像有形的产业用品和消费品一样被储存起来，以备未来出售，而且消费者在大多数情况下，亦不可能将服务带回家安放。与有形产品相比，服务的不可储存性产生了更为准确的平衡服务的供求需要。

5. 缺乏所有权

由于服务不具有实体特征，服务的无形性和不可分离性决定了服务在交易完成之后便消失了，消费者并没有实质性地拥有服务。因而在服务的生产和消费过程中不涉及任何东西所有权的转移。

二、服务理念

消费者需求在有形产品中可以转变为具体的产品特征和规格，同时，这些产品特征和规格也是产品生产、产品完善和产品营销的基础。但是服务产品是不具备这些具体规格的，因此，服务企业需要明确"服务产品"的本质或"服务理念"。

根据赫斯凯特（J.Heskett）的观点，任何服务理念都必须能够回答以下问题：服务企业所提供的服务的重要组成要素是什么？目标分割市场、总体市场、雇员和其他人员如何认知这些要素？服务理念对服务设计、服务递送和服务营销的作用是什么？在定义服务理念时需要考虑以下方面：

服务最终是由雇员提供的，特别是由那些与消费者发生交互作用的雇员所提供，所以服务企业的服务理念在满足消费者需求的同时还要满足雇员需求。从这个角度上讲，服务理念必须包括一套经由多数雇员同意的通用价值观。

服务企业在定义服务理念时还需要在服务设计、服务递送和服务营销方面做出以下努力：保证充足的商品补给；保证商品种类繁多；雇用称职员工；将店址选择在交通便利的地段等。很多公司在定义服务理念时都包含了"提高雇员自尊，增强雇员满意度，加快自我发展，提高服务灵活性"等内容。服务企业在要求雇员尊重消费者的同时，应要求雇员增强自尊，增强对工作的满足感。因此，服务企业在定义服务理念时，必须考虑服务理念对雇员技能和雇员性格的要求。

服务企业在定义服务理念时，必须保持服务系统中前台和后台的一致性。单纯地考虑前台的需要而忽略了后台要求的服务理念绝不是成功的理念，反之亦然。

除了上述因素，服务理念还要能明确地表达出服务企业需要雇员提供什么标准的服务，消费者期望获得什么标准的服务。

三、服务理念的重要性

首先，服务理念对服务管理具有极其重要的意义。在工业部门中，产品的制造者、生产者、分销者很少有机会直接接触消费者，他们仅能通过最终的有形产品间接地影响消费者的需求。服务部门却不然，服务递送系统与雇员都属于服务产品不可分割的一部分，服务递送系统包括雇员能力、雇员表现和雇员态度等因素，它与雇员都直接影响着消费者需求的实现。从这一角度来讲，明确服务理念对服务管理具有指导意义。

其次，服务理念容易被人曲解。原因有两个方面：第一个原因来自雇员本身。服务无处不在，加上服务业中雇员的行为，特别是前台工作人员的行为又具有一定程度的自主性，这两个因素共同作用使得雇员的行为、态度等发生不同程度的变化，这些变化在一定程度上影响雇员理解和推行服务理念。第二个原因来自消费者本身。

为了避免发生类似的情况，服务企业需要尽量明确定义本组织的服务理念，明确本公司的服务理念对于消费者和雇员的具体意义。服务企业要想成功推行服务理念，有三点需要特别注意：市场细分、定位消费者目标市场和创新服务递送系统。

1. 市场细分

消费者不同，他们的需求和期望就不同，因此，需要对消费者市场进行分析，细分出不同的消费者分割市场。每个分割市场还可以根据不同的消费者需求层次再细分为若干子市场。一个消费者分割市场要尽量与其他消费者分割市场区别开来，并予以区别对待。

2. 定位消费者目标市场

每个细分市场中的消费者需求都存在明显的不同，服务企业在提供服务时也要有相应的变动，尽量为顾客量身定做。公司在分析不同的消费者细分市场时，必须注意到以下两个因素：细分市场的整体吸引力及其在服务组织中的竞争力。

3. 创新服务递送系统

服务的本质决定了消费者需求和雇员需求的变化都很大，一个明确的服务理念要有独创性，否则，就很难满足具有变化性的服务递送系统的需要。麦当劳、地中海俱乐部等都是服务业中"创新型公司"的典型，这些公司拥有规范的消费者细分市场，并严格按照各个细分市场中消费者的不同需要或期望来设计服务。创新服务递送系统面临的主要问题：如何保持服务递送系统中不同组成要素之间的连贯性？如何保持服务递送系统时间上的连贯性？

第二节　传统图书馆服务理念

图书馆同商场、餐饮及银行等一样同属于服务业。服务是一种不产生任何有形的东西却有价值的活动。与有形产品的差异决定了服务业在提供服务时必须考虑如何稳定服务的质量，如何更迅速地传递服务，如何同用户保持更为积极灵活的沟通等，对这些问题研究的不断深化，最终形成了市场营销学科的新分支——服务营销学。服务营销理论对提高读者日常的服务质量有着至关重要的作用。因此，将服务业中一些最新的、适合图书馆借鉴的先进服务营销理念，引入图书馆的读者服务和内部管理工作中，是十分必要的。

一、图书馆服务的概念

20世纪90年代确立了"图书馆服务"的概念。《中国大百科全书》上，将图书馆学、情报学、档案学的"图书馆服务"定义为"图书馆利用馆藏和设施直接向读者提供文献和情报的一系列活动，有时也称图书馆读者工作"。其外延："现代图书馆不仅通过阅览和外借的方法向读者提供印刷型书刊资料，而且还提供缩微复制、参考咨询、编译报道、情报检索、情报服务、定题情报检索，以及宣传文献情报知识的专题讲座、展览等服务。"

图书馆服务是读者工作或读者服务的发展，是一个超越传统的读者工作或用户服务范畴的概念。"图书馆服务"可以定义如下：为满足读者和社会需求，利用图书馆的文献信息及其他各种资源，实现图书馆使用价值的全部活动。这一概念包括了三个要素：首先是对象，即读者与社会；其次是内容，即利用图书馆资源；再次是目标，即实现图书馆的使用价值。图书馆服务的外延是基于内涵形成的，是不断发展变化的，可以从多个角度来分析。

从服务对象看，图书馆服务包括读者服务、用户服务和社会服务。读者服务确立的读者概念与阅读行为有关，读者服务离不开文献、阅读设备和阅读空间。用户服务突破了图书馆以借阅证判别读者的限制。特别是网络环境下的图书馆服务，点击图书馆网站，利用图书馆的网上资源，对用户具有现实的意义。社会服务就是拓展图书馆的社会教育功能，提高公民素质，以满足社会的需求。

从服务资源的层次看，图书馆服务包括文献服务、信息服务和知识服务。文献服务利用图书馆的基本资源开展多种服务，如期刊服务、专利服务和学位论文服务等；信息服务比文献服务上了一个层次，主要体现在运用信息技术和信息资源，如 OPAC（开放的公共查询目录）、数据库检索、信息咨询等；知识服务是更高水平的服务，是运用知识和智慧开展的服务，如学科馆员服务、查新服务等。

从服务手段看，图书馆服务包括手工服务、计算机辅助服务、数字图书馆服务等。随着"My Library"个人图书馆服务的产生，自助服务和自我服务成为一种趋势。技术的发展推动服务形式和功能的拓展，新的服务不断出现，以紧跟时代的发展步伐。

从服务历史看，图书馆服务包括传统图书馆服务和现代图书馆服务。传统图书馆服务是以馆藏文献为依托，以借阅活动为核心，面向有限读者的服务；现代图书馆服务则是以图书馆资源为依托，以文献信息服务为核心，面向所有用户的服务。如果说传统图书馆服务主要是以图书馆建筑为坐标的有形化服务，现代图书馆服务就是以知识资源为坐标的图书馆物理空间和虚拟空间的复合型服务。

二、图书馆服务理念

图书馆服务理念是图书馆主体在图书工作实践中，从图书馆产出的服务性出发，对一系列图书馆问题所形成的总体看法。所谓"图书服务理念"就是服务的自身定位问题，即为谁服务和怎样服务的问题。图书馆服务的形式经历了从封闭到开放、从面对面到远程、从定时到随时、从无偿到有偿、从局部到全球、从被动到主动、从信息到知识等一系列的转向，并且呈现出了多种服务并存、手段与方式不断更新与拓展的态势，与图书馆服务方式上内容同步演变的，便是图书馆新的服务理念的形成和不断更新。快速变化的图书馆服务方式和手段，必然引发图书馆服务理念的转向，进而引发服务理念的创新。其主要观点：文献信息服务是图书馆的基本产出；读者和用户是图书馆的直接顾客；不断满足读者和用户明确的或潜在的知识信息需求是图书馆改革和发展的出发点和归宿。

图书馆的社会价值是通过服务来体现的。近年来，随着我国社会的进一步转型，"服务"的概念和范围发生了一些变化，表现如下：读者服务的模式从"以藏书为轴心"向"以读者为轴心"转化；读者服务的对象从"图书馆读者"向"社会读者"延伸；读者服务的范围从"图书馆服务"向"资源共享服务"拓展；读者服务的内容从"传统馆藏提供"向"电子信息资源存取"发展；读者服务的重点从"一般借阅咨询服务"向"电子信息咨询服务"转移；读者服务的手段从"传统手工操作方法"向"综合文献技术应用"发展；读者服务的功能从"单纯文献传递服务"向"多元化信息服务"扩展；读者服务的观念从"无偿免费服务"向"有偿收费服务"转变等。

图书馆服务理念的第一特征是鲜明的选择性，在现实条件下，图书馆成了图书馆服务产品的提供者，广大读者（用户）成为图书馆服务产品的利用者和消费者，他们有权选择图书馆服务。图书馆服务的选择性蕴含着图书馆供方的竞争。因此，作为文献信息服务提供者的图书馆，在读者（用户）自由选择利用图书馆的竞争机制下，必须努力提高服务质量和品位，为社会提供优质的服务，以满足读者（用户）的需要。

图书馆服务理念的另一特征就是层次性，读者（用户）有不同层次的"消费需求"，图书馆必须区别对待，分层服务。

三、图书馆服务理念的演变

多年来，中国大多数图书馆的服务理念可以简要地概括为"藏、封、守、旧"，这是在一定发展阶段、科技水平、社会意识和传统习惯等多种因素共同作用的结果，即将藏书、馆藏信息作为图书馆的主体，并成为读者服务的唯一物质基础。只面向本单位的读者（用户），封闭的服务理念削弱了图书馆的交流和社会功能，阻碍了图书馆服务宗旨的全面实现；图书馆为读者提供的是"等上门，守摊式"的服务，实质上是被动的服务；多数图书馆依旧作为借书和藏书的场所，忽视了图书馆作为学习场所的功能建设，在提高图书馆服务质量的同时，忽视对读者的尊重，忘却了为读者提供人性化的服务。

近现代意义上的图书馆从19世纪50年代开始，在160多年的发展历程中，孜孜以求的服务理念随着时代和社会的发展而不断发展。图书馆学界已经达成"服务是图书馆的宗旨"的共识，明确了图书馆在本质上就是一个服务机构，承认和坚持这一点有助于图书馆的正确定位，并可通过优质服务获得更高的社会地位。图书馆服务是衡量图书馆办馆水平的主要指标，是图书馆工作的核心。近年来，关于网络环境、知识管理、知识经济时代图书馆服务的文章很多，一些新的服务理念值得关注，这些服务理念主要有"以人为本"的信息服务、集成化信息服务、平等的信息服务等理念。通过对图书馆服务理念历史演变过程的梳理与回顾，可以看出，伴随构建和谐社会理论研究的新的图书馆服务理念——和谐服务理念将成为图书馆学界的新焦点。

（一）杜威的图书馆读者服务"三适当"准则

从18世纪开始，美国逐渐出现了为大众服务的图书馆。这些图书馆大致可以分为两类：一类是社会性图书馆（social library）；另一类是流通性图书馆（circulating library）。前者是靠大家集资，并对会员开放，每个集资人相当于图书馆的"股东"，一般来说，都是兴趣相同的人来开办此类图书馆；后者靠出租图书来维持经营，主要收藏都是大众喜爱的读物，如通俗小说、杂志等。这两类图书馆可以说是美国公共图书馆的雏形。

19世纪下半叶，图书馆学在美国得到巨大发展，涌现出一批卓越的图书馆学家，卡特和杜威是其中的代表人物。杜威是图书馆事业的组织者、图书馆学教育家和理论家，热心倡导图书馆用品设备标准化、在版编目等，对图书馆事业的发展做出了卓越贡献。1876年，杜威提出图书馆读者服务"三适当"准则，即"在适当的时间，给适当的读者，提供适当的服务"。这条准则将图书馆资源的选择、提供与图书馆服务结合起来，对确立图书馆的服务理念具有开拓意义，明确提出了图书馆的办馆宗旨："以最好的图书，花最少的代价，提供给尽可能多的读者使用。"

19世纪是近现代图书馆学的奠基时代，亦是图书馆学家辈出的时代。经过图书馆学家们的努力，以对社会开放为主要精神特征的近现代图书馆事业日渐深入人心，包括文献分类编码处理和开架借阅在内的近现代图书馆工作方法体系初步形成。经验图书馆学确立了以实用性与效益性相结合为特征的理论价值体系，而理论图书馆学界在探讨图书馆学的定义、体系等方面也进行了有益的尝试。

（二）阮冈纳赞的图书馆学"五定律"

20世纪，图书馆学家确立了科学、理性的图书馆学理论精神。在图书馆学的基础理论家看来，以美国芝加哥学派为代表的科学、理性的理论精神无疑是20世纪最值得称道的图书馆学理论精神。芝加哥大学图书馆学院的师生们在图书馆学研究方面建树独到，他们从20世纪20年代后期开始探索图书馆学理论的体系化，培养博士层面的高层次人才，促使图书馆学从一门"职业"变成了一门"专业"。在理论精神方面，华鲁斯、巴特勒等教授能够顶住来自美国图书馆协会的巨大压力，坚持在学术立场上反叛"杜威的传统"，以一种社会科学中通行的"科学的方法"来研究图书馆学。芝加哥大学图书馆学院的早期学术探索，是图书馆学从人文科学向社会科学转变的里程碑。

印度著名的图书馆学家阮冈纳赞于1931年提出了图书馆学"五定律"，其主要内容如下：书是为了用的（Books are for use）；每个读者有其书（Books are for all）；每本书有其读者（Every book has its reader）；节省读者的时间（Save the time of the reader）；图书馆是一个生长的有机体（A library is a growing organism），这五条定律的提出彻底改变了传统图书馆以收藏为主的服务观念，强调了图书馆服务的重要性。

第一定律"书是为了用的"，改变了传统图书馆以收藏为主要使命的观念，确立了以利用为根本的服务宗旨。第二定律"每个读者有其书"，是要求图书馆为每一个读者提供图书，强调服务对象的广泛性。第三定律"每本书有其读者"，要求图书馆的藏书发挥作用，强调服务的针对性，第二定律、第三定律从根本上确立了图书馆服务从"书本位"向"人本位"转变的基本思想认识，可以用"为人找书"和"为书找人"两个短语概括这两个定律。第四定律"节省读者的时间"，强调图书馆服务的效率和效益，图书馆服务的直接作用就是节省读者的时间。第五定律"图书馆是一个生长的有机体"，概括了图书馆的发展观，馆藏在增长，读者的需求在变化，因而图书馆服务也需要不断创新和发展。可见，"五定律"既是图书馆服务的基本原理，也是图书馆服务的指导原则。

这个"五定律"是对杜威图书馆服务"三适当"准则的继承和发展，被誉为"我们职业的最简明的表述"，为确立现代图书馆服务理念奠定了思想基础，被公认为不可逾越的金科玉律。第二次世界大战后，图书界提出了"服务至上，读者第一"的服务理念。

（三）戈曼的图书馆学"新五定律"

美国著名的图书馆学家迈克尔·戈曼（Michael Gorman）在阮冈纳赞"五定律"的基础上，于1995年又提出了图书馆学"新五定律"：第一定律，"图书馆服务于人类文化素质"；第二定律，"掌握各种知识传播方式"；第三定律，"明智地采用科学技术，提高服务质量"；第四定律，"确保知识的自由存取"；第五定律，"尊重过去，开创未来"。

可以看出，"新五定律"的提出有其鲜明的时代特征，更适用于图书馆目前所处的信息环境。"新五定律"强调的仍然是图书馆的"服务"功能，只是将其提升到现代化服务这一高度。新老五定律的提出为图书馆的服务提供了理论基础，说明图书馆的最终目的是为用户提供有效的服务，"服务"是图书馆一切工作的出发点，是图书馆人要具有的核心理念。

（四）南开大学柯平教授的图书馆服务"新五定律"

南开大学的柯平教授对新老五定律的服务精神进行了提炼，结合信息时代图书馆服务的发展要求；提出了建立图书馆服务"新五定律"：第一定律，"全心全意地为每一个读者或用户服务"；第二定律，"服务是'效率、质量与效用'的统一"；第三定律，"提高读者和用户的素养"；第四定律，"努力保障知识与信息的自由存取"；第五定律，"传承人类文化"。

柯平教授的第一定律强调的依然是图书馆的服务本质，要求从思想上树立"以读者为中心"的服务理念。第二定律强调了服务过程中要注意的原则，即要在最短时间内为读者提供保质保量的信息资源，节省读者的时间，并保证所提供的资源得到充分利用，"效率""质量""效用"三者缺一不可。第三定律强调了现代图书馆的教育职能，要通过培训，努力提高读者和用户的信息获取能力和信息素养，读者通过图书馆的服务提高了自身的信息素养，也充分体现了图书馆"服务育人"的精神。第四定律强调的是图书馆在目前法律环境尚未成熟的条件下，采取各种有效的措施，努力保证各种知识与信息能够被读者自由使用，是图书馆服务的理想境界。第五定律是图书馆服务的深远意义，有了图书馆服务，知识和信息得以传播，知识信息可转化为生产力和财富，劳动者素质可得以提高，进而促进生产力的发展和社会的进步，促进人类文化的发展。

无论图书馆如何发展，发展到什么程度，服务都是其不变的宗旨。这是我们从以上新老五定律的论述中得出的结论。只不过随着时代的发展，网络环境下的图书馆应该在服务模式、服务内容、服务手段等方面进行不断创新，才能满足读者的需求。新老五定律对图书馆的服务创新活动具有很好的指导意义。

四、图书馆传统服务理念存在的主要问题

（一）图书馆馆员的素质有待提高

人们普遍认为，只要有点儿文化就能做图书馆馆员，这一认识对图书馆馆员的配置产生重要影响。例如，高校图书馆作为教辅单位，往往成为安置教师家属、冗余人员的理想场所。这导致图书馆馆员的整体素质偏低，偏低的素质又直接制约着服务水平。

（二）没有明确的目标方向

图书馆的员工大多是按部就班地上班、下班，当一天和尚撞一天钟，对工作没有热情。管理者要使馆员人人有目标，并将个人的目标与集体的目标紧密结合起来，加强集体的凝聚力，从而使新的服务理念得以落实。

（三）缺乏竞争机制

现代图书馆在体制上还是事业单位，虽然也有竞争上岗，但基本上仍是"铁饭碗"而不参与社会竞争，因此，它很容易让人误解为永远是一方与世无争的净土，干好与干坏没什么区别。在如今这个充满激烈竞争的社会，图书馆馆员如果安于现状、不思进取，就将会失去生存的资本，尽早引入竞争机制是图书馆转变服务理念的关键。

（四）缺少激励机制

激励能使人将外来刺激变为实现目标的动力和自觉行动。图书馆缺乏强有力的激励机制来促进优质服务理念的形成。图书馆馆员有生活、学习、理解和

成就等方面需求，但这些需求常常得不到满足，图书馆的工作又是一种甘为人梯、默默奉献的工作，很难做出轰轰烈烈的成绩，它需要的是一种奉献精神。如果没有激励机制势必造成图书馆馆员浑浑噩噩过日子的状态。

五、图书馆服务理念的基本内容

（一）图书馆服务产出观

图书馆的产出就是提供文献信息资源的图书馆服务，读者利用图书馆资源就是消费图书馆的服务产品。

（二）图书馆服务市场观

图书馆服务市场是指图书馆机构、情报和信息服务机构因提供文献、情报、信息服务而在图书馆服务供求主体之间形成的图书馆供给、需求及其相互关系的总和，其实质就是文献信息社会化的收藏、开发、利用贯穿图书馆服务的全过程。

（三）图书馆服务质量观

图书馆服务质量观就是图书馆需求主体对图书馆服务的预期同其所感知的图书馆服务水平的对比，读者的满意度是衡量图书馆服务质量的主要指标。

（四）读者和用户权益观

从保护图书馆服务读者和用户的权益出发，图书馆读者和用户享有四种权利：知情权、自主选择权、平等利用权和监督权。

（五）学术性的服务观

图书馆是一个学习型组织和学术探讨、学术研究、学术交流的场所，图书馆的服务性与学术性相辅相成，服务性是图书馆各项工作的核心，学术性是图书馆开展各项工作不可或缺的支撑和保障。

六、和谐社会下图书馆服务的基本原则

随着时代的发展，图书馆界一致认为"服务是图书馆的基本宗旨，是贯穿图书馆发展的主线，是图书馆的核心价值观"。和谐社会下图书馆服务的基本原则包括满意原则、开放原则、创新原则、方便原则和平等原则。

图书馆服务中的满意原则是图书馆服务诸原则中的核心原则。美国宾夕法尼亚州立大学的安达利（S.S.Andaleeb）和西蒙兹（P.L.Simmonds）提出了测评

读者满意度的五个命题：感受到的图书馆资源质量越高，读者满意度就越高；图书馆工作人员的反应性越强，读者满意度就越高；感受到的图书馆工作人员能力越强，读者满意度就越高；图书馆工作人员的道德行为越积极，读者满意度就越高；感受到的图书馆设施越好，读者满意度就越高。读者是否满意及满意程度如何，是衡量图书馆服务质量好坏的最终标准。

图书馆服务中的开放原则是图书馆服务的首要原则，开放是服务的前提，没有开放便无服务可言。开放服务已成为现代图书馆的重要特征。现代意义上的图书馆开放，是一种全面的开放，包括资源开放、时间开放、人员开放和馆务公开。

图书馆服务中的创新原则就是要进行服务理念创新、服务内容创新、服务方式方法创新等。先进的服务理念是创新的基础，服务是一种品牌、一种文化。从图书馆服务的发展趋势看，图书馆服务的内容亟须创新和拓宽，其主要趋势是加大信息服务和便民服务的力度。服务方式方法创新就是改变以往单一的馆藏文献的外借与馆内阅读服务模式，利用现代网络平台，提供各种数据库服务、知识库服务，以及多种在线或离线信息服务。

图书馆服务中的方便原则就是为服务对象提供方便，这是所有服务共同追求的目标。不能提供方便的服务势必不受人们欢迎，甚至遭到抛弃。方便是服务的本质，方便是服务的核心。图书馆服务中的方便原则主要体现在如下方面：馆舍位置要方便读者，资源组织要方便读者，服务设施要方便读者，服务方式要方便读者等。

图书馆服务中的平等原则，要求图书馆以博爱精神关爱每一位读者，尊重每一位读者，维护读者的合法权益。在图书馆服务中贯彻平等原则，就表现为对读者权利的充分维护。根据国家的有关法律和图书馆的实际情况，图书馆读者应享有的权利至少有以下几个方面：平等享有取得读者资格的权利；平等享有阅读的权利；平等享有个人人格和隐私不受侵犯的权利；平等享有提出咨询问题的权利；平等享有参与和监督图书馆管理的权利；平等享有遵守图书馆规章制度的权利；平等享有提出合理化建议的权利；平等享有接受安全、卫生等辅助性服务的权利；平等享有对图书馆工作进行评价的权利；平等享有自己的合法权益受到侵害时提出改进、赔偿或诉讼的权利。只有充分维护和保障上述读者权利，图书馆服务中的平等原则才能得到贯彻。"读者的权利不可侵犯"应成为所有图书馆馆员铭记的职业信念。图书馆面前人人平等是图书馆界的"人权宣言"。

总之,图书馆服务基本原则的实质就是要图书馆从建筑、资源建设、管理等方面着手,满足一切读者的合理需求,以达到图书馆建筑与自然、图书馆与社会、图书馆与读者之间的和谐。

第三节 网络环境下图书馆服务的特征及服务理念的构建

一、网络环境下图书馆服务的特征

当前是一个网络化的时代,网络技术的发展和应用,使图书馆向数字化、网络化和虚拟化发展,使得图书馆传统观念发生变化。随着网络时代的到来,作为人类知识宝库的图书馆正在发生着深刻的变化,不再仅仅是保存和利用图书的场所,而逐步发展成为人类的知识信息中心。在网络环境下,图书馆的地位将大大提高,图书馆的服务必将成为图书馆建设最为重要的内容。

网络环境下图书馆的信息服务是一种高效的网络化、数字化服务,是现代信息服务的高级形式,在服务理念、服务内容、载体形式、服务策略与方式等方面都有别于传统的信息服务,其主要特点如下:

(一)服务理念的信息化

信息服务首先是一种观念、一种认识和组织服务的理念。信息服务理念是开展信息服务工作,确定信息服务策略、方式与模式的思维准绳和理论基础,是信息服务的灵魂。知识经济的迅速发展以及用户在网络环境下呈现出对知识的迫切需要,促使图书馆必须在知识服务层面上下功夫,有效地收集、组织、存储信息资源,根据用户的需要对信息资源进行深层次开发,挖掘其中隐含的知识,提供解决问题的知识。信息服务的价值主要体现在为社会经济发展提供服务的知识含量,而非简单的信息数量。

(二)服务内容的知识化

服务内容的知识化是以信息用户的需要为目标,将图书馆信息服务的工作重点从文献利用转移到知识运用上,强调信息资源的开发与利用,为信息用户提供的不仅仅是信息线索及相关文献,更主要的是从复杂的信息资源中获取到的解决现实问题的信息知识，将这些知识信息融化和重组为相应的问题解决方案，并将之转化到新的产品、服务或管理机制中。

（三）服务载体的网络化

网络环境以数字化资源为基础，以网络技术为手段，实现了跨越时空的资源共建共享。图书馆的馆藏不仅包括各类载体的本地数字信息资源，而且包括大量网上的虚拟数字信息资源。互联网的真正价值就在于可以通过四通八达的信息高速公路快速传递信息资源，彻底地改变了传统的信息提供和获取方式，将分散于不同载体、不同地理位置的信息资源以数字方式存储起来，并通过网络相互链接，实现了真正的信息资源共享，用户可以根据自己的需要，自由地访问那些适合自己的信息资源，极大地增加他们信息资源的拥有量，进而提高整个社会的信息获取能力。网络化图书馆的建设，打破了传统图书馆的封闭服务理念。通过局域网、CERNET 和 Internet 互联，实现网上各种数据库资源的共享。通过网络资源的共享，图书馆的服务范围不断扩展，形成了服务的无区域化。无论国内还是国际，这种变化趋势的进程都在加快。目前大多数图书馆已经同 Internet 联网。这种变化的最终目标是摆脱图书馆仅为特定读者群体服务的思想束缚，向社会开放，开展多种形式、多种渠道的信息服务，满足社会对信息的需求，更好地为社会各界服务，形成"大图书馆服务于大社会"的理念。

（四）服务方式的多元化

网络环境下数字文献的服务实现了网络化，用户可以通过信息网络进行访问、检索和下载，如利用数据库开展定题服务、课题查新或追溯服务等，这些都是数字图书馆为用户提供服务的重要方式。图书馆在网上发布各种文献资源的消息，不断地向用户提供所需要的信息和知识，用户可以在任何一个地方通过终端以联网的方式查找所需要的信息。数字信息的检索技术不再单纯地采用传统图书馆中惯用的关键词及其逻辑组合的方式，而且可以通过智能式人机交互方式来检索信息。图书馆利用互联网上的虚拟信息开展信息服务，主要包括利用互联网上的各类网站和搜索引擎按学科或专题建立网上学科导航站或学科指引库，并存放于某一网页，引导用户浏览或检索相关信息；利用互联网上的各类网站和搜索引擎按学科或专题收集、下载、筛选、分析、重组和整合以建立专题数据库，然后向特定的用户提供服务。用户可以通过自己的语言不断地与系统进行交互，逐步缩小搜索目标，获取自己所需要的文献资料。

（五）服务中心的转变

这一转变主要体现在图书馆管理上的人性化转变，即图书馆在注重信息服务的同时，开始注重人文环境的建设。信息服务方面，在提供传统图书借阅服务的同时，重点加强网络建设，突破图书馆的时空限制，延长服务时间，拓展服务空间，为各类读者获取信息提供快捷、方便的服务；加强信息的收集、加工、组织，提高网络馆藏信息的数量和质量，为读者提供充分、有价值的信息资源。人文环境建设方面，图书馆应有效利用数字化和网络化技术，减少图书馆的馆藏空间，相对扩大读者的学习空间，创建舒适的学习环境，提供资料检索、查找、复印、装订等自助式快捷服务；同时，建立读者同图书馆的有机联系，使读者特别是学生离不开图书馆。例如，澳大利亚的墨尔本大学，把学生证与借书证一体化，同时在入学时由图书馆为每个学生注册一个校园电子信箱，为学生提供在图书馆借阅图书的信息，学生可以通过电子信箱预约图书。

（六）服务态度的主动化

服务是图书馆的基本宗旨，是图书馆的核心功能。网络环境下图书馆的服务已经由传统的被动型服务向主动型服务转变，这种转变已经发展成为现代图书馆的主要特征之一。这种转变趋势主要表现在以下三个方面：一、图书馆的服务方式由信息储藏向信息加工和传递转变，使图书馆成为读者获取最新信息和知识的来源；二、主动为科研服务，使图书馆成为国内外新学科、新领域、新课题、新动态、新技术成果的跟踪者和信息提供者，发挥信息的时效性，为读者特别是科研人员提供及时、准确的服务；三、主动参与市场竞争。图书馆发挥自身的信息优势，改变被动服务方式，树立市场观念，主动参与市场竞争，根据市场需求，为社会各部门提供各种信息服务。

二、当代图书馆服务理念的构建

（一）一切为了用户的理念

图书馆服务的目的是以用户为中心，把社会的每一个人作为图书馆的服务对象或潜在的服务对象，是为了所有使用图书馆的人。对"读者"概念最大的改变是因为网络的出现，网上图书馆的发展，使图书馆用户不再局限于本地，而是遍布天涯海角。一个人，无论在世界的哪个角落，只要点击了某一图书馆的网站，他就是该图书馆的用户。网络时代，图书馆用户到底有多少，不仅包括用借书证统计到馆的人数，还包括访问网上图书馆的人数。用户服务已经突破了传统"读者服务"的人数、时间与空间的限制。

（二）从"读者第一"到"用户第一"理念

对整个图书馆服务来说，读者至上是永远正确的，始终是最重要的，我们必须努力地做到这一点。21世纪的图书馆不仅要考虑"读者第一"，更要考虑"用户第一"。不仅重视人们对图书馆的阅读需求，还要重视图书馆不只为本地区、本部门的用户服务，还要为本地区、本部门以外的所有人服务。有了"用户第一"的理念，就可以反思现行图书馆服务的许多做法，如凭借书证发放座位牌、不准带书到图书馆自习、将不看书的读者赶走等，这些做法在考虑阅读保障的时候都忽视了用户利用图书馆的权利。图书馆要改善服务，既要改善阅读条件，吸引读者到图书馆来阅读，也要改善其他条件，吸引用户到图书馆来享有图书馆的所有资源。

（三）人性化服务理念

图书馆的服务要以人为本，处处把人放在最重要的位置。长期以来，图书馆的服务存在很多非人性化现象，如在馆内设置监视器，每个阅览室有防盗装置等。人性化服务是以尊重人、理解人为前提的，充分考虑人的需求，最大限度地给予人以自由空间的服务。过去强调制度，现在强调人性化。制度是基础，人性化是方向，两者必须结合起来。比如中国香港城市大学图书馆，看上去像一个家。图书馆的门口一侧有一个嵌在墙里的还书箱，进入图书馆，借书、咨询和阅览一应俱全，阅览室里有各种各样的阅览桌椅，阅览桌旁边有沙发，还有小的圆桌，看报纸、看书都行，用电脑也行，每个阅览桌旁边都配有废纸篓，侧面的墙上还有许多挂衣服的钩子，使读者感觉很舒适、很温馨。所以说，人性化服务不是口号，而是具体的行动，是于比较细微处见真情的服务。

（四）创新服务理念

创新是当代社会的一个主题，创新是一个国家的灵魂，在全社会创新的环境下，图书馆服务也要创新，这关系到图书馆服务应适应社会需要，与时俱进，关系到服务质量和水平的提升，甚至关系到图书馆的长久发展。图书馆服务树立创新理念，要求每一个图书馆馆员具有创新意识和创新思维，大胆提出与实施图书馆服务的新思路和新方法；要求每一个图书馆都有创新服务战略和对策，及时增添新的服务，在服务过程中快速应变；图书馆要努力营造创新的氛围，培育图书馆馆员的创新精神。

三、网络环境下和谐的图书馆服务的目标

图书馆服务是图书馆与读者之间的文化交流与互动。和谐是图书馆服务所追求的理想境界。而和谐的图书馆服务要达到以下目标：

（一）人际关系要融洽，人与人之间要平等

首先是图书馆与读者的关系，平等地对待读者，就是要尊重读者平等利用图书馆的权利，包括平等获得读者资格的权利、平等获取文献资源的权利、平等阅读的权利、平等享受图书馆服务的权利、平等参与图书馆管理的权利等。馆员还要特别关心、爱护和帮助读者中的弱势群体，如失业者、残疾人、贫困者和年老者等。平等融洽的人际关系当然也包括图书馆馆员之间和谐的关系、馆员与读者之间和谐的关系。只有在图书馆里营造出一种人人心情舒畅、彼此相互理解和信任、工作上相互支持和帮助的氛围，才能形成和谐的图书馆与读者的关系。

（二）服务管理要做到规范

图书馆服务涉及面广，复杂多变，如果没有规范的管理机制，就会使图书馆服务活动陷入无序和混乱状态。因此，图书馆要建立和健全规章制度，使各项服务活动有章可循，有规可依。建立制度后，要做好宣传、解释和沟通的工作；同时，要做到在制度面前人人平等、公正。这种规范有序的管理，是和谐的图书馆服务的一个重要特点。

（三）管理机制要充满活力

和谐的图书馆服务不是死水一潭，而是充满勃勃的生机与创造活力。它应该能激发图书馆馆员的主观能动性，使其在服务工作中与时俱进，不断创新服务内容和服务方式，引导和促进服务向深层次发展，不断提高服务质量。和谐的图书馆服务还会对读者产生潜移默化的影响，使读者养成文明的阅读习惯。

第四节　网络环境下图书馆服务理念的创新

一、创新概念的起源

"创新"理论的提出源于美籍奥地利经济学家熊彼特，他在他的成名作《经

济发展理论》一书中宣称："经济学的中心问题不是均衡而是结构性变化。"古典经济学不考虑创新，认为创新是经济学的外部因素，不是经济学的组成部分，而熊彼特则认为创新是现代经济学的精髓，它是"创造性的破坏"，它使已有的固定设备和资本投资变得陈腐过时，创新促使资源从旧的过时的产业转向新的更富有生产性的产业。熊彼特对创新给予了很高的评价。

熊彼特把"创新"定义为企业家对生产函数中诸生产要素（土地、劳动和资本等）进行新的组合。换句话说，就是建立一种新的生产函数，把一种完全新的生产要素组合引入现存的生产过程，使生产的技术体系发生变革。创新的目的是获取潜在的超额利润。

熊彼特把创新概括为以下五种形式：生产新的产品，即"产品创新"；引入新的生产方法、新的工艺过程，即"过程创新"；开辟新的市场，即"市场创新"；开拓新的原材料或半制成品的供给来源，即"输入创新"；采用新的组织方法，即"组织创新"。

由此可见，熊彼特对"创新"含义的理解是相当广泛的。一些专家认为创新就是各种可提高资源配置效率的新活动，这些活动不一定与技术相关，而与技术相关的创新（"产品创新""过程创新"）则是熊彼特创新理论的主要内容。他的这一理论也为今后服务创新理论的研究奠定了基础。

二、网络环境下图书馆服务理念的创新

网络环境下图书馆服务的基础发生了根本性的变化，由基于实体馆藏的服务拓展为基于全球信息资源的读者服务。图书馆的服务方式发生了极大的变化，出现了远程服务、全天候服务和多维服务等服务方式。

所谓"服务理念的创新"，即服务理念要不断顺应原有理念赖以生存的条件与机制，随其变化而变化。在信息技术飞速发展的今天，现代化的服务手段大大提高了图书馆的服务效率，丰富了图书馆的服务内容，确实给读者和用户带来了许多便利。

无论将来科技手段怎样发展、物态化图书馆如何现代化，服务都是贯穿图书馆发展过程的一条主线。但读者和社会对服务的要求会和以前大不一样，服务的理念会发生根本的转向。服务理念创新必须遵循三条基本原则，即国家指导原则、市场调节原则和图书馆自主发展原则。

从社会机构的分类上讲，图书馆一般是以国家投资为主体的社会公益性事业单位，在遵循市场经济规律的前提下加强国家的宏观规划指导是世界图书馆事业的通则。随着我国社会主义市场经济体制的发展和完善，国家对个体的制约作用将会越来越间接，制约的范围也将大大缩小，即意味着图书馆选择的自由权和自由空间不断扩大，这为现代图书馆服务开辟了更为广阔的空间，使图书馆必须走自主发展之路。社会和广大人民的知识信息需求是图书馆赖以生存的基础，这种基础主要不是指体制和制度，而是指图书馆必须把市场规律作为其运行和发展的基本准则。从某种意义来讲，图书馆现代化的过程是一个建立起竞争机制的过程，没有竞争，就没有现代化，也就没有现代图书馆的活动。竞争是图书馆效率与效益的内在要求，是加快图书馆发展的需要。也就是说，在服务层面上一切为了读者是图书馆工作的根本出发点，首先要有"读者第一、方便读者、服务读者"的理念，在满足读者需求的过程中，要"换位看待"，在开展各项工作时，要坚持图书馆公共性、公益性、服务性的原则，不断提高图书馆的社会效益。

从图书馆服务的发展趋势看，图书馆服务的内容亟须拓宽，其重点是加大信息知识服务和方便用户的服务力度。在信息知识服务方面，主要是增加网上信息导航服务和咨询服务内容。在方便用户方面，加大为社区和校外用户服务的力度，其内容包括职业介绍、市场动态信息、技能培训指南、市政服务咨询、家政服务咨询等。在文献信息服务方面也要创新，主要是加大参考咨询服务的力度，实现从文献信息服务向知识服务的跨越，提高图书馆服务的信息知识含量。网络环境的形成，扩大了图书馆可利用资源的范围。图书馆信息资源不能局限于本馆原有的印刷型文献信息，而要扩展到网络可检索和共享的其他服务器上的信息资源。随着网络的普及，人们的信息意识日益增强，信息需求从单一型、专业型向各行各业及生活领域扩展，形成了全方位、综合化的态势。以往的服务内容，都停留在一般性浅层次加工服务，即提供一、二次文献服务上。图书馆要创新服务内容，拓宽服务范围，必须致力于文献信息的深度开发和充分利用，因此，图书馆要转向对文献资料的深加工，形成有分析、有比较、定性和定量研究相结合的三次文献。

三、网络环境下图书馆服务创新的内容

具体而言，服务创新实际包含四个方面的内容：

（一）开展网络信息数字化服务

数字图书馆的发展是图书馆发展的必然趋势。随着数字技术的飞速发展，图书馆用户的信息需求、获取信息的类型和途径、利用信息及服务的行为模式都发生了巨大而深刻的变化。因此，图书馆要有计划地将馆藏印刷型文献资源及其他类型载体的文献数字化，将其组成数据库，以提高馆藏的易用性及共享性，建立网络化的信息平台及完备的文献信息检索系统，使信息在馆与馆之间、用户与图书馆之间充分传递。

（二）开展用户检索技能培训

图书馆的价值只有通过用户的利用才能实现。用户利用图书馆已有的系统，对图书馆的信息资源进行检索，图书馆的价值才能得到充分发挥，图书馆才能得到有效利用。因此，图书馆应加强对用户检索技能的培训。

（三）开展定题、定点服务

图书馆的服务还表现在对学校的重点学科和重要科研项目进行跟踪服务，了解它的动态，利用已有馆藏和网上图书馆，以代查代借的形式提供及时的定题检索、查新、编译和科研调查等服务，如为教师提供科研前查新、科研中追踪和科研后转化等服务。

（四）开展知识挖掘、信息增值服务

随着网络技术的发展，人们对知识和信息的要求越来越高，用户不再满足于获取大量的原始文献，而是希望获得加工后的综合性增值产品，所以图书馆情报服务部门要根据读者需求，对文献及信息产品进行深加工，去粗取精，去伪存真，挖掘精品，提高信息产品的含金量，使用户在最短时间内取得最大的收获，以达到信息增值服务的目的。

总之，服务的开放性、服务的无限性、服务的人性化和服务的规范化是图书馆开展服务创新研究的基础，也是服务理念创新的主要内容。

四、网络环境下的图书馆创新服务模式

（一）变单一型服务为多元型服务

随着多媒体和网络技术的日益发展，读者的信息需求结构也发生了显著的变化。传统单一的文献借阅服务，已落后于形势，远远不能满足读者希望尽可能多地获取网络信息和多媒体信息的需要。读者这种对信息和信息资源多样性

的需求，迫使图书馆信息服务工作由单一的服务向既要有印刷型文献借阅、又要有联机检索和光盘检索，还要有信息咨询和培训的多元型服务转变。要实现这一历史性转变，一方面，图书馆应努力实现信息资源的多元化，除了提供印刷型文献，还应能提供电子图书、电子报刊、音像资料和多媒体资料等电子型文献信息；另一方面，图书馆提供的信息内容还应多元化，使之包括数据、动态信息和综述信息等多方面的内容。此外，还要针对读者的需求提供全程性、全方位的信息服务，包括获取信息的技巧、方法等参考咨询服务。

（二）变封闭型服务为开放型服务

图书馆自诞生之日起，从封闭到局部开放再到全面开放，经历了漫长的渐变过程。开放服务已成为现代图书馆的重要特征。开放原则是图书馆服务的首要原则，开放是服务的前提，没有开放便无服务可言。现代意义上的图书馆开放，是一种全面的开放，包括资源开放、时间开放、人员开放和馆务公开。图书馆应越过"围墙"，从固定场所走出去，主动接触用户，开展用户需求意向、需求心理等方面的调研，不能拘泥于传统文献处理的狭小圈子，更不能满足于印刷信息载体的采集、存储和借阅这些传统的服务、管理工作，应把目光投注于多种信息资源的采集、加工、组织和服务方面，面向网络环境，面向多层次、多样化需求的用户，以新的方式组织、控制、选择和传播信息，建立起辐射型的开放服务系统。图书馆应在充分利用校内现有信息资源的前提下，想方设法扩大信息资源的范围和种类，突破服务的时空限制，整合馆藏资源和网络资源，向有需求的各类用户提供全方位的服务。

（三）变被动型服务为主动型服务

过去图书馆的服务理念是"提供图书、等待读者、有求必应"，其弊端就是被动性，图书利用率不高。市场经济和知识经济条件下，这种服务理念受到了挑战，"主动服务、创造读者、提高效率"的新的服务理念得到了倡导。面对用户对信息知识多样化的需求，图书馆的服务再也不能局限于在馆内为用户提供借阅、咨询的被动型服务，而要主动适应信息社会急剧变化的新形势，根据服务对象的需求与意向，想用户之所想，急用户之所急，帮用户之所需，走出图书馆，面向用户，上门服务。在做好阵地服务的同时，馆员要主动与用户联系，及时了解他们的需求，采用灵活、恰当的服务方式，主动为读者服务。高校图书馆还要着眼于学校的学科专业建设、教师的发展和学生的成长，聘用专业人员为学科馆员，以加强信息资源建设和提高信息服务质量，主动为学科专业发展、教学科研提供服务。

（四）变大众化服务为个性化服务

随着社会的发展，图书馆应变革传统的大众化的、千篇一律的服务模式，主动适应用户的个性化的需求，有效地提供特色化服务、个性化服务，以提高用户的满意度，实践图书馆的服务宗旨。比如，高校图书馆服务的用户有两大类别：一是校内师生员工，一是校外用户。校内用户大致有三个层次：教学与科研人员、校内非教学科研职工、学生。对于校内用户而言，这三个层次的用户因身份、职业和自我发展目标、水平各异，其信息知识的需求也是有较大差异的，即便同是教学人员，因专业和各自科研方向的不同，他们对信息知识需求的内容、图书馆提供服务的范围和时限要求等也有区别。因此，图书馆应针对不同用户的需求提供有特色、个性化的服务，以满足他们个性化的服务需求，为他们的自我发展提供高质量的信息知识服务。

（五）变原始文献信息提供为信息知识增值服务

在信息资源数字化、网络化发展的趋势下，信息资源环境发生了极大的变化，信息交流与服务体系也面临变革创新。用户所关注的不再是获取原始文献信息，他们更需要直接融入其问题解决的全过程、更加有针对性、直接帮助其解决问题的信息知识服务，它涉及馆员如何从浩繁的信息集合体中捕获和析取能为用户解决问题的信息，并将其融合重组为用户所需的相应知识或解决方案等。这是亟须化解的服务者与被服务者供需的一大矛盾。因此，图书馆要解决上述供需矛盾，必须实现从原始文献信息提供向信息知识增值服务的转变。信息知识增值服务关注的是用户的问题是否得到了解决；它是面向知识内容的服务，强调根据用户的问题确定用户的需求，通过信息的析取、重组来形成针对用户需要的新信息，而非简单的原始信息传递。上述特征决定了信息知识增值服务是贯穿用户解决问题过程的信息服务，是动态的全程服务，是面向增值的服务。信息知识增值服务中凝聚了服务人员的智慧，它不同于原始文献信息提供的简单中介性，在服务过程中，图书馆既是中介者同时又是信息生产者，其所提供的信息服务既包含了原始信息生产者所创造的价值，更包含了信息服务人员所创造的新价值。

五、网络环境下图书馆创新服务的措施

（一）了解用户的信息需求，包括显性需求和隐性需求

显性需求可通过填问卷表方式进行了解，做到这一点比较简单。关键是如何了解用户的隐性需求，隐性需求主要是系统通过观察用户的信息使用行为，比如用户访问的页面、次数和逗留时间等，来准确地获取用户的信息需要。要做到这一点，必须完善相应的人工智能方法和机器学习方法等技术。

（二）提高个性化服务质量

现在个性化服务系统推荐的主要还是一些大众信息，学术信息的推荐还存在不少问题，主要是信息分类、标引不够精确，推荐的信息滞后于用户现时的信息要求，因此馆员要加强与用户的及时交流和反馈，让用户采用定性、定量的方法评价服务效果，从而改进系统的推荐质量，进一步提高图书馆服务水平。

（三）扩大数字图书馆的服务范围

从理论上说，个性化服务系统应该能为全国乃至全世界用户服务，然而事实上每个图书馆的个性化服务系统只能为很小范围的读者提供服务，这是因为数字图书馆的开发和利用涉及知识产权和个性化服务系统的容量问题。对于知识产权问题，一是利用先进的技术加以控制，二是只提供部分下载功能，比如说只能下载摘要等。对于个性化服务系统的容量问题，应该通过多渠道筹集资金，加快数字图书馆个性化服务系统的建设。通过种种举措，扩大个性化服务系统的使用范围。虽然个性化服务在国内外刚刚起步，还不是很成熟，但它在满足用户个性化信息需求方面已显现出相当的优越性。因此，积极开展个性化服务研究，创造良好的个性化服务的人文环境和技术环境，提高个性化服务质量，应该是网络环境下图书馆的追求目标。

（四）创造读者

现实读者是指具有阅读能力，也有阅读需求，并与图书馆建立阅读关系的人，而潜在读者是指有阅读能力，也有阅读需求，但没有借阅行为的人。因此，创造读者的第一步就是把潜在读者变为现实读者，最大限度实现图书馆的价值。

首先，要加强对图书馆的宣传，主动展示图书馆的藏书、检索工具和服务模式，让读者了解图书馆，以引起他们的借阅需求，激发他们的借阅行为。我们可以通过开设讲座、引导参观、放映介绍图书馆的录像来推介图书馆，不但

要对图书馆丰富的馆藏和先进的工具加以介绍，还要介绍图书馆从以书为本到以人为本的服务理念，以及具有特色的服务模式。服务的有形展示主要是展示服务的成果、服务的环境、服务设备和服务人员等，因此，良好的服务是吸引读者、争夺读者和创造读者的重要手段。其次，因为读者的阅读动机产生阅读需求，而阅读需求引发借阅行为，要了解潜在读者，了解潜在读者的阅读动机，对潜在读者进行调查和分析，在此基础上进行个性化服务，有针对性地提供服务，使潜在读者产生借阅行为。最后，为读者利用图书馆提供必要的培训。图书馆可通过开设文献检索课，对潜在读者进行检索技能培训，使一部分潜在读者变为现实读者。

有的读者只是偶尔有借阅行为，即偶尔的读者；有的读者经常有借阅行为，即经常读者。因此创造读者的第二步就是充分利用图书资源，将偶尔的读者变为经常读者。读者的阅读需求是读者借阅行为的永恒动力，可分为三个层次：追求信息，追求知识，追求情报。偶尔的读者一般都是追求信息者，阅读没有明确指向，阅读需求不稳定，而追求知识和追求情报的读者一般都是阅读目的明确、经常访问图书馆的经常读者。所以，图书馆服务要变偶尔的读者为经常读者，就要实现从信息管理向知识管理、情报管理的转变。

第一，要对文献进行深加工，对信息进行整序、加工，使信息更加系统、规范，符合不同读者的需要。

第二，重视情报价值比较高的期刊，对期刊信息进行重组，满足追求情报的读者的需求。

第三，建立特色图书馆，使图书馆资源和读者服务具有特色。拥有特色的图书馆资源，将会吸引更多的偶尔的读者，而特色服务将会帮助读者更好地利用图书馆。

从服务的角度看，创造读者主要靠的是服务主体——图书馆工作者，图书馆工作者在创造读者中扮演的角色既是做一些基础性服务工作的信息提供者，又是进行知识重组和主动提供更高层次服务的知识导航者。那么作为知识导航者的图书馆工作者必须变被动服务为主动服务，即：

第一，导读工作。向读者推荐图书，引导读者的阅读方向，创造更多的读者。

第二，科研引导工作。不仅为读者的科研课题服务，而且主动提出科研课题去引导读者参与，使潜在的读者、偶尔的读者参与课题，使他们变成现实读者、经常读者。

第三，知识创新工作。就是对信息、知识、情报进行开发利用，是一种再创造，一种优化组合创新，一种应用创新。

（五）实施首问责任制

实施首问责任制是图书馆服务理念的一种创新，体现了读者本位、以人为本的先进服务理念。读者本位，就是以读者为中心开展各种图书馆服务活动；以人为本，就是图书馆的每一个业务流程都围绕着人展开。读者不是图书馆的客人，而应是图书馆真正的主人，图书馆馆员的职责就是从读者的利益出发，为读者服务，向读者负责，这就是首问责任制的精髓。首问责任制的实行可以在图书馆内部形成良好的学习氛围，从而提高图书馆整体的服务质量。

所谓"首问责任制"是指让最先接受读者咨询或请求的馆员作为首问责任人，负责解答读者提出的咨询或指引读者到相关部门，解答读者电话咨询或网上咨询的各类问题，直到读者满意为止。它具有以下特征：主动性，即对读者提出的咨询问题，无论是否属于本部门、本人的职责范围，首问责任人都必须主动、热情，不得以任何借口拒绝、搪塞读者；尽职性，即凡是读者咨询的，属于本部门、本人职责范围的问题，首问责任人必须认真解答，由于客观原因不能解答或当时解答不了的，要向读者说明原因，以得到读者的谅解；及时性，即读者咨询的问题不属于本部门或本人职责范围的，应将读者指引至相关部门或人员，由他们处理，对读者咨询的问题，相关部门和人员必须立即解答，确实解答不了的，应向读者说明情况。实行首问责任制，无疑将提高读者对图书馆的满意度，树立图书馆的良好形象。

首问责任制的建立和实行体现了"以人为本，读者至上"的先进服务理念，顺应了社会发展和读者对服务质量的要求，从而拓展了图书馆的生存和发展空间，是图书馆服务理念的创新。为此要做到：

第一，明确首问责任制的奖惩办法，使馆员增强服务意识和责任感，从而切实履行自己的服务职责。

第二，制定完善的首问责任制细则，使首问责任制在正常、稳定、有序的运行中真正发挥作用。

第三，建立与健全首问责任制工作的规章制度，力求所建立的规章制度均能符合实际需要，并得到绝大多数读者和图书馆馆员的支持。

第四，对馆员进行教育和培训，要使图书馆的工作令读者满意，最重要的是先抓好图书馆馆员自身建设，让每个馆员主动、积极地了解、掌握各种业务情况，只有馆员的综合素质提高了，图书馆整体的服务技能才能提高，也才能保证首问责任制的有效实施。

（六）以人为本

数字化时代图书馆的服务理念在于以传播和传承人类的知识和文化为己任，树立"以人为本"的全新的服务理念，从以满足书刊借阅的文献需求为主，转移到以满足知识信息需求，以及进行知识开发、知识创新服务为主，从而实现主动服务、个性化服务、知识服务，为读者提供网络书刊借阅、网上信息资源报道、网上馆际互借、网上信息导航、网上文件传输、用户培训等个性化服务。最大限度满足读者的需求是"以人为本"服务理念的最终体现。

在人性化方面，要突出服务，注意图书馆馆员和读者之间诚信的培养，树立一种尊重读者、相信读者、爱护读者、服务读者的理念，要努力为读者营造一个良好舒适的学习氛围。

首先，一切以读者需求为中心，面向社会实行多元化服务，确立以读者需求为导向的服务理念，不断优化服务环境。人文环境设计应充满浓厚的学术氛围和文化气息，同时采取一系列方便读者利用图书馆的服务措施：将遵循人性化理念设计的自动化软件提供给读者查询使用，为读者提供查询、借阅、归还、复印等快捷方便的设施和服务。其次，扩大服务对象，实行全面开放式服务，合理分布馆藏布局。最后，促进服务创新，立足本馆，建立特色服务，扩展服务内涵，增加信息知识服务。

图书馆所有的服务承诺都要通过馆员来实现，因此图书馆服务的质量关键取决于图书馆馆员的个人素质。我们应以人性化的制度管理人、激励人，在合理利用激励制度的同时，抓好培养人和使用人才机制的建设。

1. 优化人力资源结构

每个图书馆必须结合本馆的实际，通过积极引进专业人才，合理分布专业知识结构；有目的地培训专业人才，培养复合型人才；通过积极鼓励在职人员接受各类型的学历教育，学习图书情报、计算机、心理学等方面的知识，积极开展在职培训，这样才能提高馆员素质，提高服务水平，最终实现为读者服务。

2. 建立服务规范

一方面，必须结合实际建立健全规章制度和言行规范，建立相应的图书馆内部服务评估体系，确定服务衡量标准，保证图书馆服务始终如一，从而获得最佳的服务效果；另一方面，在馆员中推行"文明创建"和"读者100%满意"等系列优质服务活动，通过与馆员签署任务书、制定服务策略和行动计划书等，规范馆员服务标准，并促使馆员执行，从而不断强化馆员的服务意识，并且引导馆员自觉遵守各项规章制度，使"读者第一"的原则得到很好的贯彻落实。

3. 建立馆员激励机制，提高馆员的积极性

即集工作、业务、管理于一体，建立全方位、综合性的岗位责任制，这是一种有效的管理方式。我们对馆员水平的评估主要是看他们实际的工作能力，不但要注意业务知识和技能的要求，注意质量和数量的标准，更要注意调动馆员的积极性，奖惩分明，鼓励有所为，即要调动、发挥馆员的工作积极性和专业优势，结合馆员各自的专业特长和图书馆工作实际来扩展图书馆业务范围，增加服务新项目，从而吸引、稳定和壮大读者队伍。

4. 倡导馆员的现代服务理念

图书馆只有从大局出发，树立全员服务的理念，在书刊的采购、流通、借阅各个环节都坚持"读者第一"的服务宗旨，才能为读者提供全面优质的服务。在图书馆内全面倡导图书馆服务文化，在日常工作中，上至馆长，下至全体馆员，都要做到"从我做起"，在服务责任意识上下功夫，内强素质，外树形象，发扬主人翁精神，从大处着眼，小处着手，注意每一个服务细节。对读者不但要做到主动、热情，而且要事事处处为读者着想，让每一位读者满意，真正贯彻落实"读者至上"的服务理念，树立起图书馆馆员新形象。

图书馆要将以读者服务为本的理念贯穿图书馆各个业务工作环节，从而形成一种微笑服务、放心服务、规范化服务的图书馆服务文化。只要我们心系读者，想读者之所想，急读者之所急，服务到"家"，我们的事业一定会发展壮大。

第二章　网络环境下的图书馆服务形式

第一节　参考咨询服务

图书馆参考咨询服务始于 19 世纪晚期的美国。当时美国工业高速发展，经济实力增强，社会的巨大进步和经济的迅速发展促使教育向大众化方向发展，而科学研究和大学教育的发展，迫切需要图书馆为读者提供帮助，由此促使了图书馆参考咨询服务的产生。1876 年，美国参考工作之父缪尔·格林（Samuel Swett Green）发表了有关图书馆参考咨询服务的文章——《图书馆与读者之间的人际关系》，首次提出了图书馆参考咨询服务的理论。他在美国图书馆协会年会上的发言明确指出，图书馆应帮助读者学会利用图书馆。但在当时，他的理论并没有被社会所接受。直到 10 年后，"参考咨询"一词才流行起来，格林的文章使参考咨询服务的概念广为流传，直到现在，图书馆界还认为参考咨询服务维持了"图书馆和读者之间的个别联系"。

21 世纪，许多图书馆为适应服务工作的发展趋势，提高服务工作层次，首先加强和拓展了参考咨询工作。如中国科学院文献情报中心，在缩减编制的改革中实行了向读者服务第一线倾斜的政策，特别为参考咨询工作增设了多个正研究员级岗位，以吸引高级专业人才向读者服务工作第一线流动，从而提升了参考咨询工作的水平。值得重视的是，参考咨询工作会提升并带动整个图书馆工作，只有参考咨询工作跟上信息时代的步伐，整个图书馆工作才能跟上时代前进的步伐。

一、图书馆参考咨询工作现状

随着网络时代的到来，信息产业已经成为一种重要的新兴产业，信息和知识传递保障系统的功能和地位越来越受到全社会的肯定和重视。大量的信息被广泛利用,信息的传播和交流日益频繁。读者对信息的需求更广泛、更迫切,对信息服务质量的要求也越来越高,所以,图书馆的参考咨询服务面临新的考验和挑战,其内容、职能和特征都将发生新的变化。

(一)参考咨询服务模式的变化

随着互联网的发展,产生了一大批电子化、数字化的信息,改变着人们获取和传播知识信息的方式。图书馆在竞争和机遇中求发展,借助网络和数字化技术创建了丰富的虚拟馆藏,同时开展了网络信息咨询服务。就历史的进展而言,可以说传统参考咨询是网络参考咨询的基础,网络参考咨询是传统参考咨询的继承和发展,二者体现了历史的延续性。但这并不意味着图书馆的参考咨询服务从此便是网络参考咨询服务的天下。事实上,正如传统的图书馆不可能被数字图书馆完全取代一样,图书馆的传统参考咨询服务也不可能完全被网络参考咨询服务取代。但是,为了适应社会的发展、满足用户的需求,图书馆信息咨询必须与先进的信息技术相结合,形成一种综合性的信息参考咨询服务模式。

(二)参考咨询形式的变化

随着现代化技术的广泛深入使用,图书馆的很多业务,如采编、期刊装订等纷纷转为外包,这使得图书馆的工作效益明显提高,图书馆也将更多的精力放在了信息咨询工作上;同时,社会的发展、网络的普及,大大缩短了人与人之间的距离,咨询馆员们不仅可以从丰富的馆藏中获取读者需要的信息,还可以借助网络查找功能,提高信息的查全率和查准率,缩短查找的时间,提高咨询效率。

网络技术的发展,使得图书馆不再是存储知识的唯一宝殿。大型数据库的建立及网络上大量免费咨询的出现,使得个人和单位不用借助图书馆就可以很快查到所需要的信息;同时,各种专业信息咨询机构迅速发展,它们以优质、完善的服务和经济合理的价格吸引了大量用户,造成了图书馆用户的流失,因此,它们也是图书馆信息咨询部门不容低估的竞争对手。再加上用户们的文化水平越来越高,他们提出的问题越来越专深,这使得对图书馆信息咨询人员的素质要求也相应提高。

(三)参考咨询职能作用的变化

传统图书馆咨询服务是在有限的资源环境和条件下,以陈旧的技术和方法,向有限区域的有限用户提供有限的服务。这种传统模式的咨询服务显然不能满足信息时代广大读者群获取和处理最大数量的信息资源的需求。在信息时代，必须对图书馆参考咨询服务的社会职能和地位有一个新的认识。在新的形势下，图书馆利用一切先进技术和手段，从不同角度、不同层次对现存的资料文献加以挖掘和开发，并对其进行有序化处理和加工，然后提供给读者和用户。所以，新时代图书馆参考咨询服务相对于传统模式，不仅是业务范围的简单扩大，或者是服务对象地域上的延伸和数量上的增多，更是一种根本性质的飞跃式提升。图书馆在加强其公益性和公益职能的同时，还被赋予了新的社会职能，即商务性的社会信息服务职能，其社会属性也由单纯的、公益性的文化传播、社会教育机构，演变为既有公益性又有商务性，既有社会教育职能，又有社会信息服务职能的社会教育、社会信息服务机构。社会属性和社会职能的双重性之间有着较为复杂的联系，一般来说，公益性是图书馆的基本社会属性，是一种稳定的和长期的属性，商务性则是在公益性基础上形成的、具有信息时代特征的社会属性。

二、图书馆参考咨询服务的方式

（一）实时交互咨询

实时网上参考咨询服务将成为图书馆参考咨询服务一种新的发展趋势，也是一种切实可行的服务方式。在知识创新、传播的过程中，交互是不可缺少的。只有在交互中，才能发现知识、创新知识。现代的咨询软件应用系统不仅应提供读者与咨询员之间直接交流的平台，而且应将交互的内容记载下来，以便在需要时由咨询员形成具有共性的专题解答，产生新的系统化知识。同时，实时网上图书馆参考咨询服务应遵循统一的读者认证、服务结算原则，并接受咨询监督管理。

实时网上参考咨询服务有多种形式，"交互式"咨询服务是以电子邮件和留言板为主要手段提供的咨询服务。在图书馆主页设置电子邮件或"留言板"的链接，用户将咨询问题以表单的方式提交给咨询馆员，咨询馆员在最短的时间，以相同的方式如 Web、可视白板等，将答案送给咨询用户。而在实际工作中采用较多的是可视交谈白板，教学科研人员与参考咨询馆员利用摄像机、话筒及交谈软件和商务软件，通过下载安装插件便能在网上面对面进行可视同步交流，并有图像和文字显示，同时伴有声音，可以取得教学科研人员不出门便与参考咨询馆员当面交谈的效果。这种服务有效地解决了不当面谈就难以把握教学科研人员真实需求的问题。它极大地方便了教学科研人员，使他们随时可以与参考咨询馆员进行实时音频、视频交流，获得所需的信息咨询服务。美国多所大学的图书馆对这项服务进行了广泛的实验，已证明其具有相当的实用性。在我国，近两年已有图书馆开始对这种服务模式进行探索，但该项服务尚处于起步阶段。国内开展网上即时视像参考咨询服务的有北京大学、清华大学、中山大学和上海交通大学等校的图书馆，不过也仅限于校园网使用。

（二）智能化自行检索咨询服务

自行检索咨询是指在参考咨询形成的课题结果确认能够公开的情况下，读者可以通过自行检索直接获得文献的一种咨询方式。自行检索咨询是信息与知识积累到一定程度的必然结果，是咨询知识体系发展的目标。由于读者直接检索，且该体系本身也主要是为了解答较为共性的问题，因此需要建立智能化检索系统。当读者编写检索程式有困难时，由系统自动分析课题构建出比较合适的检索表达方式或者在用户向系统提交某个检索表达方式时，系统能自动调出存储在计算机中最适当的参考方式及需求方向，以帮助用户进一步明确需求目标、完善检索策略。当用户执行了确定的检索表达方式后，系统能自动地实现跨网站、跨资源库的快速查询，将所需信息经过比较、去重、排序后交给检索用户。

利用搜索引擎系统进行智能化检索。因为搜索引擎的基本功能是支持布尔逻辑运算的模糊运算，它搜索的目标是代理服务器中规范化的、经过索引的数字化资源。多数搜索引擎系统在应用时，都必须配合学科专业的层次结构表，在确定的类目下检索才能获得较好的检索效果。另外，设置搜索引擎的辅助项，对主项和辅助项加以组配，也是获得查全率与较高查准率的有效方法。

（三）请求单咨询

由读者填写咨询请求单，提交给图书馆，由咨询馆员逐一受理请求，并在读者指定时间内交给有关咨询专家解答后反馈咨询结果。

由于整个请求的解答需要一定的周期，而且可能涉及其他相关的图书馆，因而必须建立一整套的机制，使读者能够知道其请求目前所处的状态。应用平台可保存请求的提问与咨询的结果，以形成可重复使用的知识单元。电子邮件咨询系统为基本的请求单咨询方式。

（四）网上信息站点导航

网站中的定向搜索功能多数是以"网络导航""相关链接""酷站推荐"等形式为用户提供相应的搜索方法，指导与帮助访问本网站的所有不同层次、不同行业的用户，能够快速、准确地获取本网站推荐的重点网站与相关的信息资源。尽管数字化资源的集成会逐渐深入，但相对于日益发展的信息量而言，它仍然微不足道。现代图书馆的参考咨询依然需要网上相关信息站点的导航与链接。与参考咨询知识体系相匹配，图书馆应提供专题性的、权威性的、尽可能是免费的网上站点导航，同时需要将网上站点导航与各类咨询专题信息集合在一起。在读者向图书馆咨询馆员提出咨询请求前，既可以自行检索咨询，也可以到链接的相关网站中搜索或选择进入其他咨询系统。

（五）知识体系的咨询服务

知识体系的咨询服务是指按照知识的学科体系及分类结构、知识的不同形态、知识的语言学原理和知识的关联方法等内在要求，重点对本馆在线与非在线的图书、期刊、图片、视频、音频、数据库、多媒体和网页等各类信息资源进行"知识化"的有序重组与集成，以动态分布的方式为用户提供"一站式"的咨询服务。图书馆应根据读者群、资源特点，有计划、有合作、有重点地引进与建设专题资源，形成特色专题数字图书馆，并提供给读者使用。专题数字图书馆资源的累积是主动建设参考咨询知识体系的重要举措，也是网络环境下参考咨询体系的重要组成部分。专题数字图书馆是现代图书馆读者服务的重要窗口，是将到馆服务和网上服务相结合而开展的服务。

（六）资源导读服务

推荐优秀资源、对重点资源进行深加工是参考咨询的重要组成部分。图书馆应结合信息开发，建立新书通报、书目推荐、文献述评等服务机制，为重点信息增加封面、目次、内容提要和评论等，以帮助读者更好地选择与利用资源。

三、参考咨询服务的发展趋势

随着信息技术的不断发展和网络技术的完善，参考咨询馆员可凭借馆藏信息资源和各种电子信息资源，选择检索方法，构建检索功能，拓宽参考咨询服务的内容与范围，使其信息服务质量得到极大的提高。图书馆参考咨询服务的方向将有如下发展趋势：

（一）超前性

网络环境的变化致使图书馆参考咨询服务中各要素也发生了变化，特别是教学科研人员对信息的需求发生了巨大的变化，由原来对文献的需求转向对信息的需求；他们衡量图书馆的服务不再以信息资源"占有量"的多少为标准，而是更加注重信息的实际效用。图书馆应从提供简单的科技文献、专利、标准等的原文和静态的数据转向提供经过加工的二次文献、动态的信息，以及范围稳定的有序化信息和带有预测性、超前意识的信息，使信息在科研活动中充分发挥作用。这样的服务不仅有广度，还有深度。当然，这还需要参考咨询馆员深入教学科研人员的课题中去，掌握教学科研人员信息需求的动向，承担课题研究的部分工作，对其进行多角度的分析和研究，获取准确的、与课题有关的信息，使教学科研人员能以较快的速度了解本领域国际前沿的研究动向和发展趋势，例如科研进展情况，哪些是有待研究的，有什么实用价值，以及未来可能出现的情况等，从而保证课题的新颖性和成果的价值，同时也会大大增强参考咨询服务的时效性和针对性。

（二）超越时空性

信息传输技术的发展改变了图书馆信息服务的实质，实现了参考咨询服务方式的超越时空性，也就是说教学科研人员可不受时间和空间的限制，不必到图书馆与参考咨询馆员进行面对面交流，而是在网上与参考咨询馆员进行交互式问答或通过 E-mail、BBS 或 Group 等进行参考咨询。参考咨询服务的超越时空性有效地克服了地域障碍，缩短了参考咨询馆员与教学科研人员的距离，使二者的交流更加方便、及时。在网络环境下，通过网络可查寻国内外各种文献数据库，检索各类图书和声像资料，了解世界各学科专业信息，可较好地保证参考咨询服务的质量，为教学科研人员提供快速、准确、及时的参考咨询服务。

（三）数字化

数字化参考咨询服务的产生源于计算机技术、通信技术、多媒体技术和高密度存储技术等现代信息技术的发展。由于文献、索引、期刊论文、学位论文、会议论文、技术报告以及部分工具书和学术专著等的信息源逐步数字化，并形成了一个较完善的数字化信息空间，各种电子期刊、电子图书、光盘数据库、网络数据库等专业数据库越来越多，它们为开展数字化参考咨询服务奠定了坚实的基础。由于能够比较方便地通过网络跨时空地获取相关文献信息，数字化参考咨询服务已成为一种必然趋势。它是一种利用 Internet 网络或虚拟空间，可以更快、更好地开展并完成包括传统参考咨询服务在内的参考咨询服务。这种服务在我国虽然起步较晚，但已呈快速发展之势，如有的图书馆开展了在线咨询，有的图书馆利用聊天室开展 24 小时不间断交互式服务等，从而开创了图书馆数字化参考咨询服务的先河。

（四）多样化

传统的参考咨询服务只是提供简单的文献信息，其作用也只是表面的，并未涉及实质性内容。而在网络环境下，凭借诸如智能搜索引擎、智能浏览器、智能代理等先进的网络信息技术，既可以进行单一途径检索，又可以进行多途径复合检索；既可以进行精确检索，也可以进行模糊检索。现代图书馆参考咨询服务已完全成为一种智能化、多途径、多功能、全方位的信息检索模式，为参考咨询馆员与教学科研人员实现联系的智能化创造了条件。

四、改进图书馆参考咨询服务的主要措施

图书馆参考咨询服务正在朝全球一体化和网络化的方向发展。为使信息资源得到充分利用，必须强化图书馆的参考咨询服务功能，尤其是信息咨询服务功能，这是一项极为复杂、艰巨的任务，需要运用现代信息技术来加大信息资源开发的力度，将更多的人力和物力投入到咨询、开发与研究中，为用户提供高层次、高质量的信息服务，使信息资源转化为精神与物质财富。

为了进一步加强和改进图书馆的参考咨询服务工作，应做好以下六个方面的工作：

（一）深入学习和采用先进的信息技术

图书馆应当有重点、成体系、分步骤地利用计算机技术、声像技术、网络技术、光盘技术等信息科技手段，建立和完善以文献为主的数据库，有计划地将这些数据按类型及学科汇编成大型数据库，并组织上网，实现各图书馆之间的资源共享。数据库要采用国际、国内标准或通用格式，主题词和索引要规范化，以提高咨询服务的效率及信息产品的开发率，实现咨询服务的完全信息化。

（二）确立信息咨询馆员的资质标准

设立信息咨询馆员和咨询师资质审查、监督和考核机构，实现信息咨询队伍管理的专业化和规范化，加强对咨询馆员的业务培训，重视对咨询专业人才的教育，使咨询馆员认识和了解计算机网络硬件，并熟悉和掌握相关的网络软件、洞悉和把握互联网的信息分布和查询方法。发展图书馆参考咨询服务事业，还有很大的空间，有许多潜力可挖，只有以积极主动的态势面对各种挑战、回应时代的召唤，才能跟上时代发展的步伐，使图书馆的参考咨询服务成为信息时代最重要的社会服务事业。21 世纪，参考咨询服务要求一支高素质的参考咨询馆员队伍。他们除了拥有图书馆学专业知识，还必须具备多学科文化素质，以便对网络科技信息资源进行有效的综合研究并准确无误地选择和评判，从而给用户提供"精品"信息。善于从纷繁复杂的信息中发掘、分析、判断、选择整理出用户最需要的、最有价值的信息，并能对事物发展前景进行预测并提供对策，这样的咨询馆员是智囊，是信息权威。

（三）创新查新服务

查新是为科研立项、申请专利、鉴定科研成果和新产品等，而向用户或管理部门提供旁证材料的信息咨询及情报服务，是 20 世纪 90 年代发展起来的咨询服务。要在掌握可靠数据和大量准确信息的基础上，经过科学分析与论证写出调查报告，做出科学论断。

（四）编制有特色的专业数据库

数据库是网络运行的基础，是保证网络信息服务顺利开展的前提条件。目前，我国网上的中文信息资源还相当贫乏，只有建立专业数据库，才能保证图书馆丰富的信息资源在网络条件下得到充分利用。各图书馆经过长期积累，有着大量丰富的原始文献资源，可根据现有基础将收藏重点进行数字化转换，建立起各具特色的数据库。

（五）完善参考咨询组织结构

随着参考咨询工作职能的扩展和作用的充分发挥，参考咨询馆员在全馆馆员人数中所占比例会不断上升，咨询机构建制也将扩大，以不断满足读者的需求为标准。为了方便读者查阅资料，当读者跨入图书馆大门时就应见到咨询馆员。这就要求设大厅和楼层咨询馆员。这类咨询馆员可接待和引导来馆的读者，向读者介绍本馆的文献及服务情况。总咨询馆员和课题组可解答之前参考咨询馆员难以解答的问题，对外承接事关当地政治、经济、文化领域服务的重大课题，集中组织本馆的咨询力量，广泛寻求社会专家的支持，使图书馆真正成为当地的信息咨询枢纽。这类咨询馆员应由经验十分丰富的资深图书馆馆员（专家）担任，职称应是副研以上，最好由一名副馆长兼任，由五个以上高素质、高水平人员组成课题组，他们代表着图书馆的咨询能力和水平。

（六）培训网络信息用户

对用户进行网络知识培训是图书馆参考咨询服务工作的一项重要内容。目前，有相当一部分用户对网络知识了解较少，因此，需要对他们进行培训。这项工作可以采取多种形式，如举办馆藏书目检索、光盘检索、网络及网络检索工具的使用方法等讲座，也可以进行上机实习，还可以把要讲的内容制成多媒体链接到校园网，在网上对用户进行培训，以及对用户进行远程教育等，使各类型、各层次的读者都能了解图书馆，让他们学会利用电子化、网络化的信息资源，学会利用现代化的图书馆。

第二节　个性化服务

互联网与信息技术在全世界范围的迅速发展使广大读者（用户）对数字图书馆个性化信息服务产生了巨大需求。个性化服务是数字图书馆发展的重要趋势，是吸引用户参与数字图书馆的关键。所谓"网络个性化定制服务"，是指按照单个特定用户的偏好、习惯等开展信息服务，通过网络提供个性化服务，将用户感兴趣的信息推荐给他们，进而满足他们的个性化需求。目前，互联网所提供的个性化信息服务主要通过个性化信息定制和系统预测的方法来实现。个性化信息定制服务是指用户按照自己的目的和需求，在某一特定的系统功能和服务形式中自己设定信息的来源方式、表现形式，选取特定的系统服务功能的图书馆信息服务模式。国内一些图书馆网站已经开始运用网络个性化服务技术，并初步取得了一些成果，由此，图书馆个性化服务也显示出较大的活力和发展潜力。

一、网络个性化服务在国外数字图书馆领域的应用概况

在纷繁复杂的信息资源中，图书馆个性化服务贯彻以客户为中心的服务理念，为用户提供了最大限度、方便快捷、真正适应其需要的信息服务。传统图书馆面对多层次、不同需求的用户时只能提供统一的服务，而个性化数字图书

馆则提供针对每个人和每个特定任务的特殊信息服务。在数字图书馆环境下，读者可以自行构建自己的个人馆藏，定制其真正需要的信息服务项目，提高信息搜寻的效率。这种个性化服务的一般工作方式是，用户向某一数字图书馆提交自己的信息需求、兴趣爱好、检索策略等，数字图书馆通过软件为用户提供个性化的信息服务。

美国率先开始对数字图书馆的研究，其后，英国、法国、日本、德国、意大利等国也相继斥巨资进行数字图书馆方面的研究。在数字图书馆个性化定制服务方面，这些国家同样先行一步。目前，个性化数字图书馆研究在国外取得了初步成果，现已进入实际应用阶段。

康奈尔大学的"我的图书馆"是个性化定制服务系统的先驱之一，它不但能提供资源定制、页面风格定制，还能提供一个 Web 页面，允许用户建立多个检索文件，用于新资源的定期检索，从而实现初步的检索定制。该系统包括 My links、My update、My contents、My document delivery 等部分。

My links 是一个让用户自己收集、组织个人使用资源的工具，它允许用户收集、组织图书馆和因特网上最新的数字化资源，并将这些资源组织到 My links 文件夹中。作为 My library 系统的新用户，My links 还含有两个默认的文件夹：一是"library services"（图书馆服务），它包含了康奈尔大学图书馆的服务链接；另一个是"Internet Search Engine"（因特网上的搜索引擎），它包含了 Internet 上各种搜索引擎的链接。用户还可以在 My links 中创建文件夹，并根据自己的需要将不同的资源组织到不同的文件夹中。

My update 是将图书馆新到资源及时通知给用户的一种工具，类似于新书通报功能。用户只要预先指定好范围，就能定期收到馆内新到的相关书籍、期刊、电子资源的通知。

My contents 的功能和 My links 类似。但它提供给用户的期刊的目录，而且可以通过邮件等方式接收，现在已具有全文链接功能。

My document delivery 即电子文献传递服务，能使用户获得本馆馆藏中 PDF 格式的文章副本、图书章节和其他一些资料，通常需要付费。

康奈尔大学图书馆计划进一步增强了 My library 系统的交互性和服务功能，它的一个发展方向是开辟个性化 BBS 服务，发布用户选定的图书馆服务信息。另一个方向是发展团体定制服务。例如，一个学科内的用户往往有类似的信息需求，图书馆学科馆员与院系代表结合，提供须定制的资源服务。

二、个性化信息定制服务的主要作用

（一）解决目前搜索引擎检索、整序精度差等问题

目前，互联网上的网页浩如烟海、信息庞杂，现有的搜索引擎信息搜索精度很差，另外，网上信息的受控性差、随意性大，特别是信息整序不够等缺点是显而易见的。因此，面对国内外与日俱增的网上信息资源，读者（用户）迫切需要图书馆提供交互网络信息化服务等个性化定制服务。通过个性化定制系统，用户可以快速准确地获得所需要的信息资源，克服网上信息资源搜索、整序精度差的问题。

（二）满足数字图书馆用户多样化的需求

针对用户特点提供个性化服务，有助于把图书馆的专业信息资源和学科专门服务提供给相应的用户，这将在很大程度上提高数字化资源的利用效率，满足人们多样化的信息检索需求。

（三）用户变静态被动获取为主动组织数字化信息资源

运用个性化定制服务系统组织数字化资源，可以协助用户主动获取信息资源，有效解决传统收藏、组织和使用信息资源方式的被动性、局限性和时效性差的问题。

（四）动态监测用户信息需求与利用信息资源状况

由于网络上的信息是动态变化的，现有的搜索引擎技术不能实时动态地为用户提供最新的信息。而利用个性化定制服务系统，可以加强数字图书馆与用户之间的交互联系，便于馆员动态地了解不同用户的信息需求，有助于跟踪并研究用户利用信息资源的某些规律，从而为改进图书馆数字资源系统、提高信息资源的利用效率提供技术支持。

三、现有数字图书馆个性化定制服务系统存在的主要问题

（一）个性化定制服务机制互动性不足

互动机制是个性化定制服务运行的核心动力，但是在目前图书馆开展的各种形式的定制服务中，互动机制的缺乏是一种普遍存在的现象。无论是定制服务还是个性化推送系统，即便是功能比较完善的个性化定制服务系统 My library，系统的资源提供和用户的信息接收都是在一种比较封闭的状态下进行的，图书馆和用户之间唯一的交流就是用户初次登录时的注册。在系统设计之前，图书馆与用户之间没有进行必要的交流，系统更多的是站在自身角度或是借鉴已有的系统来确定它所应具备的功能、用户利用的步骤等；在系统利用过程中，缺少互动，用户不能反映"享受"服务时的意见和建议，馆员也不能及时掌握用户的需求变化等，这些都是定制服务中存在的问题，它们造成了个性化特色有始无终、个性化定制形式重于内容现状的出现。

目前，数字图书馆个性化定制服务系统的基本定制方式主要有两种：

1. 基于网页控件方式

即指数字图书馆系统在其个性化定制系统的系统定制界面上将可以供用户定制的资源和服务列举出来，用户再根据自己的需要选定某些资源与服务后，通过点击相应的定制按钮来完成定制过程的方式，My library 系统就采用了这种方式。

2. 基于步骤方式

即用户在注册过程中有选择地进行系统界面定制，用户注册完成后，用户的个性化系统定制界面也随之确定。

然而，不论何种方式，它们都是由数字图书馆系统根据本系统所能够提供的资源和服务，创建一个基本的系统定制模板，然后由用户根据自己的需要利用系统提供的模板进行个人的系统界面定制。在这个过程中，系统定制模板完全是静态和被动的，而用户本身也只能根据系统定制模板所提供的资源与服务进行选择，从而确定自己的系统界面，即个人定制模板。所以说，目前数字图书馆个性化定制服务系统的个性化定制机制是静态的，而不是互动的。

（二）个性化定制服务系统的资源与服务之间存在一定的壁垒

现有的个性化定制服务大多只面向本馆持证用户即本地用户，其余网络用户根本无法登录。例如，My library 系统提供的资源与服务主要是某个特定图书馆的期刊订阅服务（利用各种现有的电子期刊数据库向读者定期发送其关心的最新的期刊目录，如果提供的目录中全文链接有效，用户可直接链接全文）、专业数据订阅服务（按照读者的检索定制，定期从馆内的各种专业数据库中检索符合要求的最新记录）、网络信息订阅服务（提供一些搜索引擎、专业资源超链接和专业网页的更新信息）。可见，服务壁垒现象在国内外个性化定制服务中都普遍存在，这就人为地隔断了图书馆间通过网络建立起来的资源共享空间，削弱和限制了个性化定制服务功能的发挥。

（三）不同的个性化定制服务系统是相互独立的，团体定制功能有待开发

目前，数字图书馆的个性化定制机制是孤立的，不仅定制的资源对象限制在本地系统提供的资源范围内，定制的组织结构受本地系统资源组织体系的限制，而且定制技术也依赖本地系统的自身技术，很难将其他系统的资源有机纳入。现有的定制服务形式主要针对用户的个人需求，其个性化特点十分突出。尽管已经出现了不同的个性化定制服务系统，并且这些系统或许在资源定制上，或许在服务类型定制上，或许在服务功能定制上都体现了强烈的互补性，而这种强烈的互补性，也正是用户所需要的。但是，由于不同的系统采用不同的标准和规范，导致不同系统间缺乏一种有效的、公共的动态集成机制，不能将不同系统内对某一特定用户有用的资源、服务和功能集成在一起向用户提供定制服务。

定制服务强调个性化，并非只针对单个用户，它同样具有团体或小群体服务的个性化特征。同一学科背景的用户，其信息需求具有相似性，所以应针对群体用户开发团体定制服务功能。这就要求建立用户间的交流渠道，使具有相同兴趣的用户可以合作检索并分享彼此的检索经验和检索结果，以减少用户的重复劳动。

（四）存在信息组织问题

图书馆个性化定制服务系统更多地依赖数据库技术和动态网页技术，它从本质上并没有改变图书馆原有的信息组织方式。可以说，资源组织问题仍是当前个性化定制服务系统亟须解决的根本问题，主要表现在：没有有效的资源组织机制和组织工具，用户无法实现对资源的有效重组和再创造；缺乏开放机制，无法实现对外部资源的集成与检索。它依附于图书馆组织整理的资源列表，用户只能缩小资源范围，而不能任意添加自己需要的外部资源；除了定题服务，绝大部分定制服务形式仅能提供资源的简单链接，用户不能一步到位地得到原文。所以，目前用户为了达到自己的目的，不得不在不同的个性化定制服务系统中注册并进行个性化定制，不得不适应不同的人口和不同的使用方式，并要对不同系统提供的信息和服务进行可能的去重和重新组织。

四、个性化定制服务的主要内容

（一）系统界面定制

系统界面定制包含界面内容定制和界面结构定制。界面内容定制主要是对各个信息或服务模块的具体内容进行定制。界面结构定制指对系统界面总体模块类别和布局形式的定制。用户自己不仅可以定制系统界面的总体模块类别和布局形式，而且可以对各个信息或服务模块的具体内容进行定制。从而真正实现个性化信息服务。

（二）系统资源定制

系统资源定制服务可根据用户的具体特征和需求，事先组织、分类、聚合自身的文献信息资源并提供服务。定制性信息处理平台将采用最新的 Web 数据库、智能代理、数据推送等技术，对具体用户所需的系统界面、资源集合、检索工具与技术、检索利用服务过程、检索结果等进行定制，实现完全的个性化信息服务，从而对数据进行集中组织、分类、索引和检索。通过导入、链接和独特的外部文件支持，可以跨平台应用环境索引，检索信息资源，大大提高信息管理与服务的效率。

（三）页面定制

Web 页面定制让用户自己选择从服务器端传送过来的信息，包括页面的内容组合、网页风格、发送形式等。页面定制在互联网上已经非常普遍，如"雅虎"推出了"我的雅虎"，可让用户定制个性化主页。图书馆网站由于分类明确、层次清晰，很容易实现页面定制。

（四）网站功能定制

比较适合图书馆网站使用的功能定制有：网上书签，主要用来收藏用户喜爱的网站链接地址；网上书架，主要用来保存读者感兴趣的书目信息；网上文件夹，主要用来把用户选择的文章或其他内容分类归档等。

五、个性化定制服务的主要技术

（一）数据推送服务技术

数据推送服务技术是网络信息个性化服务的支撑技术，由 Point Cast Network 公司于 1996 年提出，它较好地解决了网上盲目点击和无目的阅读问题。

数据推送服务技术是一种按照用户指定的时间间隔或事件发生的需要，把用户预约范畴的最新数据自动推送给用户的计算机数据分布技术。常见的数据推送服务技术主要采用两种模式：一是频道式推送技术，即将某些网页定义为浏览器中的频道，用户可以像选择电视频道那样去收看感兴趣的、通过网络播送的信息、Microsoft、Netscape 等都有自己的频道定义格式；二是邮件式推送，即用电子邮件方式主动将有关信息发布给列表中的用户。数据推送服务技术在互联网上的应用是对传统信息获取方式的一种突破，减少了用户上网搜索的工作量，提高了用户获取信息的效率。

（二）智能代理技术

智能代理技术主要应用于对 Web 用户当前访问信息的在线采集及历史访问信息的获取与采集。智能代理是一种能够完成委托任务并可以快速遍历互联网，寻找用户所需要的信息的计算机系统。智能代理技术具有代理性和主动性，它能代表用户工作，引导、代替用户访问信息资源。此外，智能代理涵盖了用户需求的定义、所要进行的分析和信息资源的存储，以及信息的输入、需求匹配和结果发送等方面。该技术弥补了传统搜索引擎的不足，可以根据用户的个人偏好和反馈自动检索、自主运行，及时获取用户所需的信息，提高信息检索和推送的准确率。总之，智能代理技术的使用将大大提高 Web 信息检索的自主性、灵活性和精确性。

（三）信息挖掘和 Web 数据库技术

信息挖掘技术是对用户访问 Web 时在服务器上留下的访问记录进行挖掘，并从中了解用户的访问模式，根据特定用户的需要，自动改进 Web 站点上的信息组织与显示。该技术可应用于 Web 个性化信息服务。Web 数据库技术具有跨平台支持传统数据库的优点，主要有完成用户登录、身份认证、数据匹配等功能，由于 Web 数据库的开发使用统一的标准 HTML，这就使得 Web 数据库具有很强的适应性。而网页动态生成技术则主要根据用户的数据动态生成网页。

六、图书馆网络个性化定制服务的发展对策

（一）加强对用户信息行为的分析

初次进入系统进行定制服务之前都要进行注册，注册信息反映了用户需求的静态特征，这也是系统获取用户需求信息的主要途径之一。而对用户需求了解得越详细，定制服务的效率和准确性也就越高。因此，在注册项目的设计上应力求细致、定量、全面，使系统通过用户填写的注册项目就能掌握其大致的信息需求情况，除了用户所属学科，还应了解其职称、职务、研究课题、经常浏览的网站和书刊、最关注的主题等。例如，中国人民大学图书馆的个性化推荐系统对用户研究方向信息的提交过程设计得就较为细致而独到。

系统除了通过与用户的交互掌握其需求的静态特征，还应利用智能代理技术、跟踪技术等随时掌握用户需求的动态变化。因为用户的兴趣是多方面的、动态变化的，所以跟踪、学习和表达用户兴趣是一个最基本的、也是最难以解决的问题。目前的定制服务对用户需求的获取往往是被动的、静态的，影响了用户利用服务的兴趣和服务提供的效果，因此，定制服务下一步努力的方向之一应该是采用多种机器学习方法（包括神经网络、遗传算法等相关技术），使系统能跟踪用户行为，学习、记忆用户兴趣，描述用户的兴趣特征，以便建立准确的个性化用户模型。

（二）重视服务效果的反馈与评估

服务效果的反馈与评估对提升服务质量是必要的。在商业网站中重视用户意见的反馈是一种普遍现象，但它在图书馆服务中却还没有引起足够的重视。事实上，个性化定制服务的效果也并不一定如服务提供者设想的那么乐观。要了解服务的真实效果，进行客观、细致的统计、分析和评估是必要的。个性化定制服务应借助一定的互动机制了解用户对信息服务的评价，或对用户信息、使用频次、用户反馈等信息进行汇总，统计系统吸引的用户类型、用户的访问频次，并进行全面的价值分析和综合判断，在此基础上评价服务效果并分析服务中存在的问题，以此作为改进个性化定制服务方式或内容的依据，从而为用户提供持续的个性化信息服务。

（三）实现互动式服务交流

交互是开展高质量个性化定制服务的基础，有利于实现信息资源与用户需求的高匹配。为此，图书馆一方面要开辟互动空间，建构图书馆与用户之间畅通的交流渠道，通过 E-mail、BBS 留言板、在线交流、实时聊天以及网络调查等方式，不但能使由书馆站在用户角度设计系统各项服务功能，从而提高其可用性，还能使用户及时向馆员反映使用系统过程中出现的问题，更方便了用户与用户之间的交流，同时在系统中设计有推荐功能，使用户能参与到个性化定制服务系统的设计与改进过程中，这将对提高系统的可用性大有裨益。另一方面，针对个性化定制服务利用率不高的现状，图书馆还应发挥现场交互的优越性，突破网络的局限性，通过举办讲座、设置宣传栏等加强对定制服务功能的宣传和对用户的教育，借助传统的口耳相传的交流方式，使更多的用户感受、了解个性化定制服务为他们的学习、研究、教学带来的便利。

（四）实施检索帮助策略

帮助用户进行有效的信息搜索也是当今数字图书馆个性化服务的一大内容。检索帮助包含双重含义：首先，由于信息搜索是一个不精确的过程，用户在搜索过程中常常不能清晰地表达他们信息搜索的目的，因此数字图书馆个性化服务系统需要通过与用户的动态交互来协助其构造提问，并让用户确认检索目标，从而使用户更容易进入主题领域，为用户提供一个容易查询的起始点。其次，在数字图书馆个性化服务系统中，虽然大部分的信息资源是依靠智能软件来提供的，但是还有一些不确定的信息内容是无法由用户机械化定制来决定，这部分不能由用户定制的内容需要用户同数字图书馆的在线馆员联系，由图书馆馆员提供帮助。

七、图书馆网络个性化服务发展方向

（一）服务专业化

大而全的信息服务往往难以深化，因此特定领域、特定用户和特定需求的垂直门户网站便成为网络信息服务发展的一种趋势。垂直门户的特点在于它对网上的专题信息资源进行收集、鉴别、筛选、过滤、组织、描述与评论，组织目录式索引提供源站点地址，并带有专业搜索引擎。与综合性门户网站的包罗万象、信息粗浅、搜索引擎效率低下相比，垂直门户网站并不求大求全，而是力求特定领域信息内容的全面和专深，立足于提供某一领域的精品服务，这种特定服务可以有效地把对某一特定领域信息感兴趣的用户与其他用户区分开来，更能满足用户的特定信息需求，从而提供高质量的个性化信息服务。而用户的个性化信息定制需求也集中于专业学科研究领域，需要图书馆能及时提供有关课题的研究现状、研究地位和前沿、学科动态，信息内容越专深，用户的满意度就越高。因此，个性化定制服务和垂直门户网站的结合，可以优势互补，使个性化定制服务更好地满足用户需求，同时也使其本身的服务进一步向纵深发展。

（二）增强主动性

主动的信息服务具有针对性、灵活性、智能性等特点，能够节省用户获取信息的时间，缓解网络拥挤的状况，是一种高效的信息服务形式。个性化定制服务主动分析用户需求，做出定制设计，本身就是主动性的表现。但具体来说，各个系统在主动性上的表现程度并不同。大多数系统要求用户自己填写档案定制信息，再将符合需求的信息推送给用户，事实上是用户在"拉"基础上的"推"模式，可以称之为"被动中的主动"。而真正的主动服务，应该是基于Push服务器的"推"模式，这在目前的个性化定制服务中还很少见。个性化定制服务是一种单向式信息服务，在此基础上进一步增强服务的主动性，使之成为有效的信息服务模式——单向主动式信息服务，以进一步优化其服务效果。

（三）以用户为中心

个性化定制服务为用户提供符合个人需要的服务，本身就是"以用户为中心"理念的体现。但现在的个性化定制服务在提供服务的过程中并非都能很好地坚持以用户为中心原则。要真正做好个性化定制服务，必须将"以用户为中心原则"作为出发点和归宿，在服务过程和系统设计时要进行调查分析，考虑服务的用户群类型、特征，分析用户的真正需求。要不断增强系统的服务功能及其与用户的交互性，为用户创建自己的信息集合提供足够的弹性，并能实现图书馆馆员和用户之间附加的、同步的交流，如增添新的交流渠道，包括实时在线聊天、电话、视频会议等，使用户可以将更多的时间用在评价数据、信息或知识的价值上。

总之，个性化定制服务在我国图书馆界具有广阔的应用前景，我们应密切关注国内外个性化定制服务的发展动态和应用成果，及时开发适合我国国情的个性化定制服务系统，为用户提供高质、高效的信息服务。可以预见，随着主动个性化信息服务技术的进一步完善和广泛应用，以及个性化定制的网络信息平台服务的建设，个性化定制服务必将成为21世纪图书馆核心竞争力与可持续发展能力的一个重要标志。

第三节　导读服务

一、导读的概念及其重要性

导读服务是一项主动为读者提供服务的工作，是读者服务工作的深化。这是一项富有创新性的服务工作。传统导读以图书馆的文献资源和馆舍设施为基础，馆员利用馆藏文献资料，通过对读者阅读兴趣、阅读要求和阅读能力的指导，告诉读者读什么和怎样读，促使读者更迅速、更有效地获取所需知识，从而提高他们的阅读效率、选择和阅读文献的能力以及他们利用文献的水平。导读员是读者与图书馆沟通的桥梁。在导读服务中，导读员要积极、主动地引导读者正确、有效地阅读馆藏图书资料，使图书馆的教育功能得到更好的发挥，使馆藏文献得到更好的利用。

网络环境下的导读是指读者在馆员的帮助和指导下，充分利用图书馆的技术优势和专业优势，有针对性地对 Internet 的资源（包括网络域名地址资源、网络信息资源等）进行收集、组织和排序，形成一个网络导引系统，使其变无序为有序，为读者提供一种高水平的导读服务。读者通过网上导读服务掌握通过网络检索、筛选和利用各种网络资源以获取信息、提高阅读效率和增长知识的技能，并培养自主学习能力。网络环境下的导读服务是图书馆的主要职能，它变传统的咨询服务为网络环境下的信息服务。

开展导读服务是十分重要的，其重要性表现在：

（一）导读服务是图书馆教育职能的重要体现

图书馆应对读者进行如何使用图书馆教育，让他们参观图书馆，向他们全面介绍图书馆的基本情况，如图书馆内各部门的设置、总藏书量及文献大体类别等，讲解如何利用图书馆及应遵守的有关规章制度，用实例说明到图书馆阅读的重要性，并编制一些如何利用图书馆文献等的指南，使读者能快速掌握使用图书馆的方法，了解图书馆，并认识到图书馆是他们课外学习的好去处。学生刚到图书馆，面对五花八门、浩如烟海的书籍，常常会感到茫然，不知该从何处着手。针对这种情况，图书馆服务工作人员应主动向他们介绍馆藏，帮助他们熟悉分类标识、排架规律，熟悉交叉学科的入藏及排架情况，使他们对馆藏有一个初步的了解。只有充分认识到导读服务的重要性，促进读者服务工作持续发展，图书馆的教育职能才能得到充分的发挥。

（二）读者需要导读服务

读者刚到图书馆查找文献时，大部分不知怎样检索。这就要求图书馆工作人员指导他们如何利用检索工具，使他们在较短的时间里迅速、准确地查找到自己所需要的资料。图书馆要面向读者举办查找图书馆文献的辅导班，开设《文献检索与利用》课，通过对《文献检索与利用》课程的学习，使读者的信息意识及信息获取能力得到培养和提高。同时，现代化阅读包含了多媒体网络等信息技术范畴，所以，图书馆要经常开设计算机或网络检索的讲座，向读者介绍如何进行数据库检索，并让他们上机操作，熟练掌握计算机或网络检索获取文献信息的方法和途径，提高查找文献的效率。

二、传统文献导读服务的方法

（一）口头式导读法

口头直接向读者介绍图书馆藏书建设、书库布局、图书分类编目、图书馆目录使用方法与借阅图书程序，并向他们推荐有关文献，使读者获取文献信息，为准确选择文献提供方便。

（二）讲授式导读法

利用授课讲解、辅导讲座等形式指导读者阅读的方法。对读者进行较全面、系统的文献导读，一般来说，这一方法适合较高层次的读者。

（三）文图式导读法

通过将原始出版物陈列，并以说明文字或图表等直观明了的形式进行导读服务，如新书推荐、图书推荐、剪贴推荐和新书简评等。这种方法可以缩短读者选择文献的时间。

（四）目录式导读法

通过编制各种读书目录、索引、文献等二次文献，对读者进行多种形式的导读服务，让他们充分利用二次文献，迅速、准确地查找到自己所需要的资料，以达到导读的目的。

（五）形象式导读法

利用现代化服务手段，如录像、广播等工具简明形象地向读者推荐有关文献资料和最新学科知识，扩大他们的知识面。

（六）活动式导读法

通过定期举办丰富多彩、富有教育意义的各种类型的读者活动，如读书报告会、读书心得演讲会、读书有感征文、百科知识抢答、书评、诗歌朗诵会、计算机知识大赛等活动，使读者在活动中受益，培养其对图书馆的兴趣。

（七）"服务生"帮助法

图书馆选择品德好、素质高、守纪律的读者利用课余时间到图书馆参加培训，协助馆员开展工作。这些"服务生"可以利用开馆的时间向读者推荐自己看过且认为值得一读的文献。由于他们有共同的特点，所以"服务生"推荐给读者的文献容易被接受和采纳。这种方法既使这些"服务生"得到锻炼，熟悉了整个图书馆的工作流程，又起到了导读的作用。

三、网络环境下导读服务的创新

在网络环境下，图书馆将逐步成为知识信息的服务机构及知识信息的咨询窗口。为此，图书馆要顺应信息社会对传统导读服务的变革及其带来的挑战，从理论、工作实践上更新观念，将导读工作作为图书馆的重要内容。同时要认清，从传统的咨询服务向网络环境下的导读服务转变还需要一个过程。一方面，图书馆要从各方面为网络环境下的导读服务打基础；另一方面，要广泛开展读者教育，通过各种途径向读者宣传网络环境下导读服务的内容和手段。图书馆作为读者学习的第二课堂，承担着培养和提高读者信息获取、信息分析、信息加工等实际能力的重任。这是信息社会对图书馆提出的最基本的要求。

网络环境下人才的培养是以经济建设的需要为出发点和归宿的，读者终身学习的能力以及创新能力是他们走向社会要养成的基本素质。而读者这种素质的养成离不开图书馆的教育，所以，图书馆必须适应社会发展的需要。知识经济时代对高校图书馆提出了更新、更多的要求，因此，图书馆应向读者提供源源不断的知识信息。所以，图书馆应尽可能早地开展网络咨询导读服务，使馆员在实践中，不断探索、逐步完善网络环境下咨询导读服务的模式，以便更好地为教学科研和培养高素质人才服务。

网络环境下咨询服务的类型虽未发生质的变化，其内容却发生了重大变革。一方面，导读方式、内容发生了变化。导读方式不再局限于口头咨询解答，面向网络方向发展；内容的范围也相应扩大，不只局限于有关单学科知识，也可能涉及大量读者感兴趣的相关学科的综合类知识。另一方面网络环境下读者的自我意识和能力增强了，也减少了口头咨询。馆员的部分咨询导读工作则由中介代检转向辅导帮助，并在协助读者了解和利用本馆馆藏资源时，让读者了解资源共享。导读员可根据自身专业特长，负责对某一领域网上资源的收集和整理，为导读提供适用的联机馆藏，解答读者的常规咨询。同时，可利用网上资源提供电子邮件的解答咨询服务。通过导读，读者能够增强自我服务的意识和能力。针对不同层次的读者群，可进行不同方式的导读。对于图书馆来说，针对不同专业特征的读者，可具体进行导读服务。

（一）专题图书导读服务

专题图书导读服务是近年来图书馆方兴未艾的一种服务方式。专题图书导读服务就是把好书推介给读者。采编部门与重点出版社要进行沟通，掌握新书出版信息，定期编制新书通报，选取好的新书提供给读者阅读，同时对图书信息资源进行深层次加工，编制内容概要、名家点评及资源利用率等，对图书内容及可读性写出推介词。图书导读服务工作充分发挥了图书馆的资源优势和专业优势，为读者节约了时间，体现了图书馆以人为本的服务理念。图书馆通过专题图书导读服务，引导读者培养良好的阅读习惯和高尚的情操，有利于实施图书馆的教育职能，达到教育读者、育人成才的最终目的。

（二）专题期刊导读服务

高校图书馆是为教学和科研服务的，因此，导读服务应配合学校的教学和科研而进行，协助教师和学生开展学术活动。例如，专题期刊导读服务，它是指图书馆工作人员为特定专题的期刊文章编制导读，再将含有专题文章的期刊集中摆放供读者开架阅览并定期更换专题及相应期刊的服务模式。专题期刊导读服务通过主题集中的方式将期刊展示给读者，这就改变了期刊原来的馆藏地点，一些原来"沉睡"在刊架上的过期刊物或者只提供闭架借阅服务的期刊保存本因为专题期刊阅览的开展而重新被读者发现和利用起来。定期更换专题又加快了期刊的流通速度。原来只喜欢阅读某一类期刊的读者通过专题期刊导读开始关注其他类的期刊。专题期刊导读服务深化了图书馆期刊阅览服务功能，促进了文献的开发与利用，既满足了读者对专题文献的信息需求，又有效地提供了期刊导读服务。

（三）专业性导读服务

专业性导读服务，就是帮助读者尽快获取与本专业密切相关的新的理论、方法及新的知识和信息。对读者进行新书推荐，使读者能及时了解本专业的最新动态和信息。

（四）娱乐性图书导读服务

娱乐性图书是一种消遣性阅读图书，做好对这类图书的导读服务尤为重要。娱乐性图书导读服务就是引导读者读好书，并通过阅读培养他们积极向上的高尚情操。它具体体现为编制各种新书导读书目、优秀作品、简报等，使读者尽快熟悉图书馆，以便更好地利用图书馆。

四、网络环境下导读服务队伍的建设

网络环境对图书馆的导读服务提出了更高的要求。因此，要做好咨询导读服务，图书馆工作人员必须是德才兼备之人。首先，必须有高尚的职业道德，政治思想素质过硬，有为读者提供优质服务的思想，始终奉行"读者第一、服务至上"的理念。其次，要具备合理的知识结构。图书馆工作人员只具备单一的图书馆知识是不够的，还要懂得计算机操作知识、网络查询技能、相应的外语知识、读者心理学以及其他的综合类知识。所以，图书馆的工作人员要爱岗敬业，必须学会并掌握现代化的设备及工具，熟练地运用计算机网络技术，通过现代化的通信手段及工具使我们服务于信息工作的专业技能得以发挥，提高信息传递的速度。所以要具有不断进取、不断探索、求知求新的精神，才能做好导读服务工作，才能算得上是称职的知识导航员。这就要求图书馆要适应网络环境的需要，加强导读服务队伍建设，采取各种行之有效的措施，提高馆内工作人员的思想素质、文化素质、专业素质以及其他综合类素质，把每一名工作人员都培养成网络环境下的知识导航员，成为新时期的复合型人才。

第四节　文献传递服务

一、文献传递服务的概念、内容及主要发展模式

1. 文献传递服务的概念

文献传递服务就是图书馆或文献供应商根据用户的特定需要，以有效的方

式与合理的费用将存储的文献副本（不论何种形式）传递给使用者的过程，是图书馆为本馆以外的用户提供文献而开展的一种信息服务，是图书馆服务的重要组成部分之一。文献传递不仅提高了文献资源的利用率和共享水平，也满足了读者的个性化信息需要，实现了馆际之间文献信息资源的有效流动。尤其在当今网络环境下，随着互联网的普及，电子文献、网络文献迅速发展，文献传递服务以有效的服务手段、高效的服务效率，极大地满足了读者的信息需求，大大提高了图书馆的服务水平，促进了读者对文献信息资源的获取。在科技高速发展的今天，文献传递服务已成为文献提供中一项必不可少的工作。

2. 文献传递服务的内容

提供各成员馆馆藏图书、期刊、会议论文、报告、专利文献等纸质文献的复制件。

提供各成员馆购买的数据库论文全文或有关主题检索结果的传递服务。

提供各成员馆特色数据库的原文传递服务。

依托 CALIS（中国高等教育文献保障系统）、CASHL（中国高校人文社会科学文献中心）、NSTL（国家科技文献图书中心）等国家级文献信息中心和国际文献传递服务机构获取文献传递服务。

随着计算机技术和网络通信技术的发展，以 Internet 为依托的联机文献信息查询以及联机文献传递服务系统的开发，促进了文献传递服务的发展，成为文献传递服务的重要形式。用户在本地网络终端上就能检索到所需文献的收藏地点，并可通过邮递、专送或者亲自到某一情报服务部门查找等方式获取文献信息，或通过 E-mail、QQ 通信软件、传真机等现代信息传递设备远程发出文献请求并获得原文。

3. 文献传递服务的主要发展模式

文献传递模式可划分为中介性文献传递服务模式和非中介性文献传递服务模式两种：

（1）中介性文献传递服务模式

中介性文献传递服务是指用户、图书馆和文献收藏机构三者共同构成文献供应链的主体，图书馆担任用户与文献收藏机构之间的中介，负责向文献收藏机构转发用户提交的文献申请，并负责将文献收藏机构发送来的文献传递给用户。在这种服务模式下，图书馆工作人员不但承担了大量的业务处理工作，还发挥着信息咨询、检索培训、文献传递、服务宣传等导航员的作用。如 CALIS 文献传递服务网就属于中介性文献传递服务模式。

（2）非中介性文献传递服务模式

非中介性文献传递服务是指图书馆用户无须通过图书馆工作人员，直接向图书馆选择的合作文献收藏机构发出文献提供请求，文献收藏机构直接将文献传递给用户，图书馆只参与服务的后台管理工作，如账号分配、用户验证、经费管理、服务监控和解决问题等。目前，我国 CASHL 和 NSTL 在服务上都是直接面向最终用户的，属于非中介性文献传递服务模式。

随着信息技术的发展，越来越多的信息服务商进入文献传递市场，他们以二次文献数据库为基础，提供全文链接，将文献传递服务融合到数据库功能中，用户可以直接检索、提交申请和获取文献，信息服务商为他们提供"一站式"文献服务，使得图书馆的中介作用大大弱化。自 20 世纪 90 年代初开始，国外许多图书馆就尝试让用户直接向图书馆选择的文献收藏机构发出文献提供请求，让文献收藏机构直接将文献传递给用户，图书馆只参与后台管理。网络信息技术为文献传递提供保障。在信息技术和网络技术的支持下，越来越多的文献走向电子化、网络化，许多数据库的集成商和出版社依托网络为终端用户提供直接的文献传递服务，直接将用户申请的文献传递给他们，实现文献传递过程的无中介化。这为图书馆只参与文献传递服务的后台管理提供了技术保障。

无论非中介性还是中介性的文献传递服务，都是利用外部信息资源来弥补图书馆馆藏不足的。不过，相比于中介性文献传递服务，直接面向最终用户的非中介性文献传递服务给用户带来了极大的便利；由于减少了馆员参与的中间环节，非中介性文献传递服务获取原文的速度和效率是中介性文献传递服务无法比拟的。虽然非中介性文献传递服务会引发一些管理问题，但可以通过技术手段加以解决，可以充分利用现代网络和信息技术对服务的开展加以有效的控制和处理。如监控用户的文献使用情况，限定每位用户获取文献的费用和获取的文献数量等，以此推动非中介性文献传递服务的开展，为用户提供更多的便利。同时，积极开发、完善面向最终用户的网上自助文献传递系统，实现三大系统——文献传递系统、流通系统、馆藏资源统一检索系统的互联，使用户无须通过图书馆工作人员，就可以自助"申请"，直接将"申请"发送到潜在的文献提供单位并直接获取文献。开发和完善用户自助的文献传递系统，实现文献传递系统、流通系统和馆藏资源统一检索系统的互联已经成为当前资源共享建设的攻关重点和发展趋势之一。因此，面向最终用户的非中介性文献传递服务是文献传递的发展方向。

二、开展文献传递服务的必要性

（一）信息资源共享的需要

文献传递服务是图书馆信息资源建设的重要组成部分，它能促进图书馆合理分配经费，进行信息资源的优化配置，解决信息资源的供需矛盾。通过文献传递服务构建高校图书馆文献资源的共建共享，最大限度地满足读者的文献信息需求，已成为高校图书馆履行其教育职能和信息服务职能的重要手段之一。

（二）弥补馆藏文献资源不足的需要

图书馆通过开展馆际互借与文献传递服务，可弥补馆藏文献资源之不足，为读者提供"虚拟馆藏"。读者可通过终端机直接快速查询各种联合目录（如CALIS联合书目、中科院全国期刊联合目录等），检索成员馆的馆藏信息，并通过成员馆获得所需文献。图书馆通过开展馆际互借与文献传递服务，满足了读者的信息需求，这既加强了图书馆间的协作，又增加了图书馆的文献资源储备量。

（三）缓解文献需求增长与文献资源有限的矛盾的需要

随着科学技术的发展及信息量的与日俱增，文献的品种、数量不断增加，国内外书刊价格持续上涨；与之相对应的是高校的办学规模不断扩大，读者的文献需求不断增长，从而导致读者对文献需求的增长与文献资源有限之间的矛盾。馆际互借与文献传递服务可有效地缓解二者的矛盾。

（四）个性化服务的需要

表面上看，馆际互借与文献传递服务只是针对个别读者，但由于它所提供的服务更符合读者的实际需要，能及时解决读者的燃眉之急，必然会对读者产生极大的影响。因此，图书馆开展馆际互借与文献传递服务，是满足读者个性化需要的手段之一。

三、文献传递服务工作中存在的问题

一些图书馆文献传递工作的实践使我们发现，文献传递服务工作尚存在一些问题，主要表现在以下几个方面：

（一）主观上存在思想认识问题

由于受传统观念的影响，广大读者的馆际互借与文献传递服务意识还比较淡薄，他们习惯于利用本单位的馆藏资源，而对通过馆间互借渠道，利用其他馆的文献资源获取文献的服务方式了解不多，有的甚至还不知道图书馆有这项业务。在图书馆的工作评估指标中，"藏书量""年进书量"等始终占据重要位置，"文献利用率""读者需求满足率"等指标却不被重视。对图书馆的评价没有由"你拥有多少藏书"向"你提供了多少服务"转移，办馆意识仍停留在"大而全""小而全"上，在藏书建设上固守"拥有"的观念，没能在"拥有"和"索取"之间寻求图书馆办馆效益的最大化，在文献传递的设备和人员投入上不足。同时，工作人员只习惯于利用本馆资源，对其他馆的可利用资源不很了解，因而也不能为读者提供有价值的参考意见。虽然不少图书馆也认识到文献传递服务工作的重要性，但对文献传递服务地位与作用的认识存在差异，从而造成主观上的思想认识问题。

（二）文献传递的成本问题

文献传递服务也是一项"费用密集"的服务，文献传递的价格是目前我国高校图书馆开展文献传递服务较为敏感的问题。文献传递服务是有偿服务还是免费服务？是按篇计算费用还是按页计算费用？不同图书馆有不同的做法：有的图书馆只收取成本费；有的图书馆除收取成本费，还要收取检索服务费；有的图书馆对本单位读者给予适当的补贴。国内各图书馆在收费标准和收费项目定价机制的细化上存在较大差异，存在服务与收费价格不一致问题，文献传递服务的价格问题已成为困扰我国图书馆开展馆际互借的主要因素。

（三）文献传递的体制问题

我国图书馆现行的事业管理体制是按照图书馆主管机构的行政隶属关系建立起来的，图书馆按系统和行业进行归口管理，各个图书馆依附于所在系统的各级行政管理部门，国家并未设立一个专门机构来统筹管理全国的图书馆工作。由于图书馆管理的条块分割，我国图书馆馆际互借多是在系统或行业内进行的，组织管理也主要由本系统图书馆共同协商组建一个专门机构来负责，并制定相应的规章制度。这样的管理体制在很大程度上阻碍了高校图书馆与行业图书馆及公共图书馆之间的联系，造成了它们在文献传递服务方面有一定程度的脱节。

（四）读者满足率问题

由于对资源的定位不准确，各图书馆对书刊使用的限制，致使资源类型和数量与用户的需求存在一定差距，出现了读者对本馆资源不了解、不会用、不爱用、很少用等情况。读者因对检索工具不熟悉，有时对馆藏未进行检索就直接提交申请，有时提交的申请信息不详细、不准确，如只填写期刊缩略名及其卷、期、页码范围，却不填写题名、作者等。对于此类申请，工作人员需要花费大量的时间、精力来验证、查询。如果工作人员经验不足，则可能会拒借，从而降低读者的满足率。

（五）文献传递的知识产权问题

网络给图书馆的文献传递服务工作带来了便利，但同时也引发了一些新的版权问题。通过网络进行文献传递服务是否侵犯著作权人的信息网络传播权，也是亟待解决的问题。在开展文献传递服务过程中，常常会遇到读者请求复印整本书的情况（特别是外文原版图书），虽然一些图书馆采用变通办法进行处理，但由文献传递服务引发的版权问题一直困扰着馆际互借和文献传递服务的开展。图书馆应如何避免在文献传递服务中因用户的侵权行为而发生的版权纠纷，即既要促进信息的充分共享与交流，又要保证信息产品创作者的知识产权和用户的个人隐私得到合理的保护，应该是图书馆研究的重点。

（六）服务人员问题

文献传递工作涉及的环节众多，要求服务人员既要熟悉馆藏、了解各类信息资源的特点，又能熟练检索国内外各种数据库，访问 Internet 上的各类信息资源，还能使用传真机、扫描仪、E-mail 及 Ariel 等文献传递软硬件工具。在服务人员安排上，各图书馆认识不一。图书馆只要有效地掌握馆际互借申请量的规律，就能合理配置工作人员。

四、改进文献传递服务工作的措施

（一）加强对文献信息资源的宏观调控，建立合理的运作机制

由于缺乏权威性的协调机构，政府干预力度小，且没有必要的、统一的相关法律、法规及行业规范与标准全面规范馆际互借工作，使得中国图书馆馆际互借一直处于低迷状态，无论是以专业为核心的互借网络，还是地区范围内的协作网络，均存在结构松散、手续烦琐、周期长、拒借率高等问题。要改进文献传递

服务工作，首先，国家应加强对文献信息资源的宏观调控，健全宏观调控内部机制。以各级图书情报学会或高校图工委为基础，成立跨行业、跨系统的权威管理职能机构，并赋予其管理权限。其次，健全相关的法律、法规，对图书馆馆际互借和馆藏共享的宗旨、原则、借阅方法及各方的责任做出明文规定，规范运作，统一执行。馆际互借工作可以说是一项劳动密集型工作，每项馆际互借申请的完成，都需要花费相当多的时间并投入相当多的人力，而且其中环节颇多，具体负责馆际互借工作的人员除少数专职人员，均为兼职人员。再次，使图书馆规模化发展是一个值得考虑的问题。因此，可以设想建立一个"三结合"的馆际互借服务保障系统。主体应由三部分人员构成：一是由行政主管部门牵头、各馆馆长参加的管理队伍，主要职责是制订、修改和发布馆际互借服务的有关"协议""规则"，并发挥组织和协调的作用；二是由馆际互借管理员组成的馆际互借服务队伍，主要职责是具体履行馆际互借"协议""规则"，做好各项服务工作；三是由各馆的系统管理员组成的技术队伍，主要职责是对馆际互借管理员进行技术操作培训，维护系统的正常运行。由以上三支力量组成的职责分明的馆际互借服务保障系统，可以有效地保障馆际互借服务工作持续正常地开展。

（二）强化读者馆际互借和文献传递的意识

图书馆利用通知、海报或网络宣传等方式让读者全面了解馆际互借与文献传递服务的方法与内容。当读者到图书馆查找文献遇到困难时，图书馆馆员要及时帮助读者利用联合目录数据库系统在更广范围内进行检索，通过馆际互借与文献传递服务系统获取全文，让其亲身体会到馆际互借与文献传递服务的方便与快捷，提高馆际互借与文献传递的利用率。同时，图书馆馆员要破除闭关自守的思想观念，树立现代的开放意识。长期以来，关于文献资源共建共享问题，人们只是嘴上讲得多，理论上探讨得多，而实践上则实施得较少。在网络环境下，图书馆无论规模大小，都可以成为文献的输出馆。所以，各馆不能只希望从馆际互借中获益，还要考虑为馆际互借做贡献。当然，一般大型馆可能更多是资源输出型的，小型馆则属于资源输入型的，但对于拥有特色资源，特别是一些专业特色或地方特色明显的图书馆，也会在某一类文献上成为输出馆，因此，要考虑到别的图书馆检索和利用本馆资源时的方便性。具体可以表现在目录数据库建设中，保证数据著录的准确性、完整性和规范化，加强特色资源的建设等，使图书馆之间的合作能够顺利开展。从目前开展的文献传递服务情况看，许多读者对文献传递服务还不太了解，图书馆应当通过各种方式进行宣传，如开设读者入馆培训和文献检索课，举办一小时免费讲座，印发介绍文献传递服务宣传资料，利用网络、图书馆网页刊登文献传递服务消息等，让读者全面了解馆际互借与文献传递服务的使用方法与服务项目、内容等。

（三）提供优惠政策，鼓励读者利用文献传递服务

馆际互借作为图书馆的一项经常性服务内容，图书馆应该给予必要的经费补贴。从读者的角度看，对于本馆拥有的馆藏可以免费借阅，而馆际互借的文献则必须支付通信费、文献成本费及服务费等，这必然会影响读者对馆际互借的看法，甚至会有读者认为这是图书馆为了创收而开辟的服务项目。但目前除了清华大学、北京大学等校的几个图书馆，大多数图书馆没有对馆际互借的读者给予补贴。而实际上，清华大学、北京大学图书馆本身就属于文献输出馆，读者在这两个馆获得所需文献资源的比率比其他馆要高得多。对于文献输入馆来说，从书刊采购经费中合理地划出一部分用于馆际互借文献传递的费用补贴是必要的，从图书经费中拿出小部分作为文献传递经费，这既减轻了读者的负担，也缓解了图书馆经费和资源不足与用户需求增长之间的矛盾；既能满足读者的需求，也能弥补馆藏不足。各图书馆应将馆际互借作为一项常规服务内容，并制定相应的优惠政策，鼓励读者利用文献传递服务，让更多的读者乐于享受馆际互借的服务并从中获益。

（四）加强人员培训，提高馆员素质

要为读者提供优质的文献传递服务，就要求工作人员必须具备良好的职业道德、敬业精神、沟通能力。文献传递服务人员的业务素质、知识水平、外语水平、工作态度、对用户信息需求的了解，以及收集信息、处理信息、传递信息的能力都会直接影响图书馆开展文献传递工作的速度和效率。由于目前国内主要的馆际互借系统大都是基于网络的资源共享系统，它还需要相关技术人员进行安装与维护，才能确保信息服务网络的畅通和服务平台的正常运行。因此，加强对图书馆文献传递工作人员的继续教育和岗位培训，培养一批既懂计算机技术、网络技术，又懂图书情报学的复合型人才尤为重要。

（五）建立和完善规模化的联合目录

网上联合目录是开展馆际互借的必备工具，读者只有通过它才能知道他们需要的文献资料收藏在哪个图书馆或文献收藏机构。书目数据库建设的标准

化、规范化是实现联合采编、联机书目检索、馆际互借与文献传递的必要条件。只有通过完善规模化的联合目录，读者才能查到需要的文献资料及其馆藏地。CALIS 提供了书目联合目录数据库、中文现刊目次数据库、高校学位论文数据库、会议文献数据库等，为图书馆开展馆际互借工作提供了强大的数据库支持。但及时准确的数据与专著、会议论文、学位论文等出版物的联合目录依然是读者的迫切需求。因此，有必要对已有的联合目录进行修改补充，各成员馆应对馆藏数据进行核对，在确保数据源准确性的同时，添加回溯数据和没有目次的纸本期刊的目次数据，进一步提高文献满足率。

总之，文献传递系统已经开始运行，但目前各数据库还存在不少问题，如参加的高校还不够多、信息量还不够大，特别是有些图书馆的馆藏回溯数据还不够准确、完整。

第五节　阅览服务

21 世纪是一个信息化、网络化的世纪，图书馆单纯的文献传递已不能满足社会的需求，读者对图书馆的服务提出了更精、更快、更新的要求。图书馆必须打破传统的服务模式，拓宽服务范围，在提高文献信息服务质量的同时，变被动服务为主动服务；由封闭式服务走向开放式服务；从文献借阅向文献开发的方向发展；由单纯的以整体书刊为单元的服务转向以课题、专题甚至以知识单元为基础的服务；从传统的纸质文献服务发展到电子载体文献服务。图书馆馆员充当的角色也将由单一化向多元化转变，这就使得信息时代读者服务工作必然要在广度和深度上进一步发展。阅览服务是读者服务工作的一个主要环节，深化阅览服务也是一种必然趋势。

一、图书馆阅览服务存在的问题

大多数图书馆阅览服务基本上沿袭传统的"区别服务原则"，即，将图书馆读者对象划分为教师与学生两大读者群，并根据他们的"阅览需求特点"，分别设置教师阅览室、学生阅览室；十分重视教师使用图书馆的权利，允许教师使用图书馆的一切馆藏文献资料，学生却不能到教师阅览室借阅自己所需的文献资料，只能在专为学生开设的书刊阅览室里查阅书刊，这就人为地降低了书刊的利用率。与此同时，图书馆实行开架阅览，即大都限于在图书馆阅览室内阅览，不外借，而读者却热切希望在闭馆期间也能利用自己的闲暇时间，来阅览本专业或自己感兴趣的书刊。这无疑人为地给读者设置了障碍，降低了图书馆书刊等文献资源的利用率。

低层次的服务方式。传统图书馆为用户提供的文献资源只是现实的馆藏资源，即图书馆收藏的有限的文献。对于用户需求的馆外信息资源，服务人员往往束手无策；同时，受管理体制和专业人才的限制，图书馆往往无法开展深层次的信息服务，如联机检索、光盘检索、网络信息检索等。

被动的服务方式。传统的阅览服务方式是"守株待兔"的方式，服务方法简单，仅局限于馆内阅览、文献复制、口头咨询等。这种传统的服务模式束缚了服务人员的思想，使他们缺乏服务的主动性和热情。随着科技的飞速发展、信息资源的急剧增长、用户需求的日趋多元化，图书馆应逐步实现开放式服务，实行藏、阅、借一体化，以方便用户使用。

二、网络环境下图书馆阅览服务的特点

（一）数字化文献信息充实了阅览室服务资源

文献信息环境的新变化使现代图书馆不只作为读者的一个借阅书刊的场所，它还综合利用先进的信息技术，使数字化文献信息成为馆藏资源的重要组成部分，通过完备的网络通信设施，使图书馆长期以来不断追求但又收效甚微的资源共享在网络化、数字化时代得以实现，通过网络阅览室管理终端和读者终端（也是图书馆文献信息的检索终端），管理人员向读者提供的资源不只是室内的书刊，还有通过网络互联起来的数字化文献信息资源的集合，甚至扩展到整个图书馆界的文献资源。这些资源都可以通过现代信息检索和文献传输手段作为阅览室、图书馆馆藏资源的补充，用以满足读者的文献信息需求。

（二）阅览室为读者营造了全新的文献信息氛围

在很多图书馆，网络化、数字化使图书馆实现了书、刊、网，藏、借、阅"一体化"管理，阅览室不再只是印刷型书刊的陈列室和阅览室，而是为读者营造了一个全新的获取文献信息的环境。相关专业书刊资料整齐排列，一台台计算机终端让读者耳目一新，读者不但可以选择阅读印刷型专业文献，还可以上网使用图书馆各个数据库的海量电子文献。全新的文献信息氛围不仅能够全方

位满足读者的文献信息需求，还有利于提高读者的信息素养。

（三）读者阅览的文献信息需求趋于多样化

网络化、数字化的文献信息环境已经被图书馆的师生读者所接受，也使他们的文献信息需求从传统的印刷型书刊资料转向多元化资源。印刷型书刊文献仍然是读者工作和学习的重要参考资料，图书馆书目数据库和购置的各类网络数据库、互联网上的专业文献信息也被纳入读者文献信息需求的范畴。来到阅览室的读者，既有习惯于传统阅读方式的读者，又有善于利用网络信息的读者，这就需要图书馆既为他们提供书刊借阅服务，又提供网络化的文献信息服务。甚至还有一些读者利用图书馆网络服务平台，向阅览室提出各方面的文献信息需求，需要图书馆提供远程的文献信息服务。

（四）阅览室管理走向自动化

网络化、数字化的浪潮使图书馆普遍实行了计算机集成管理，对阅览服务也同样实行了计算机管理，室内书刊借阅由传统手工操作走向了计算机管理，实现了从手工操作为主的事务型服务向依靠综合文献信息技术的智能型服务的转变。自动化管理不仅简化了借阅手续，节省了读者的时间，而且使阅览服务更加专业化，大大提高了阅览管理人员的工作效率。图书馆阅览服务的内容也逐渐从提供传统印刷型书刊向提供多元化、电子化的信息及广领域、深层次的信息发展。

三、阅览服务模式的创新方向及措施

所谓"服务创新"是指在现有的条件下，着力于主动服务，扩大服务范围，改进服务方式，达到最好的服务效果。

美国学者切尔·戈曼提出的"图书馆学新五定律"强调："服务于人类文化素质""掌握各种知识传播方式""明智地采用科学技术提高服务质量""确保知识的自由存取""尊重过去，开创未来"。这足以说明"读者"是图书馆过去、现在及未来永恒的中心。将图书馆所藏文献或知识，通过各种方式提供给读者，是图书馆最终价值之所在。

（一）建立"合二为一"和"阅借合一"的服务模式

书刊一体化管理是将期刊的采编、整理、加工、分配同图书一样划归到文献采编部。各阅览室应对所有读者开放，把教师阅览室与学生阅览室"合二为

一",实现师生合流,共同使用阅览室。采用室内阅览为主、短期外借为辅的文献服务模式,是图书馆缓解"借书难"矛盾、尽量满足读者阅读需要的一项有效措施。图书馆读者服务工作从外借向内阅模式转变是顺应新时期新形势的要求,这一转变说明图书馆在向社会化、开放化、信息化、现代化方向迈出了一大步。采用"阅借一体化"的管理体制是实现由外借向内阅服务模式转变的重要一步。

(二)利用网络设备开展多种模式的阅览服务,使阅览服务进一步完善

在网络环境下,图书馆已不再局限于以往的馆内服务,而是实行全方位开放式服务,如提供网上阅读、全文信息传输服务等。此外,从被动式服务转向主动式服务。网络环境下,那种以藏书为主的被动式借阅服务方式已不能满足用户对信息"广、快、深、精"的需求,必须转变为积极主动的全方位、深层次的信息服务。也就是对用户的信息需求进行细分,有针对性地提供信息服务、引导信息需求;或根据学校教学、科研部门的任务和目的、总的课题和项目,组织信息资源并将其传递给一些目标不是很明确的用户。最后,从一对一的服务转向一对多、多对多的服务。图书馆工作人员可以利用联网计算机为用户办理借阅手续或同时回复多位用户的询问。对于一些无法解答的问题,工作人员可通过电子公告或新闻组等公布在网上,寻求他人帮助,以便答复用户,因而服务方式也就出现了一对多、多对多等多种类型。

(三)改革阅览服务方式

图书馆应改变传统的服务方式和模式,将现代化的电子计算机设备和通信技术引入阅览室,走电子化阅览模式和多功能模式(将图书、期刊、数据库文献、电子图书结合为一体)道路。可将阅览室内附有光盘的专业图书按照图书的正常排架方式同其他图书一起进行排架,把书中的随书光盘由采编人员统一编号,即与本书的分类号相同,随图书一起收藏于图书阅览室(一套光盘即可),再由阅览人员进行光盘检索。读者在阅览专业图书的同时,还可利用阅览室的专设微机进行光盘检索,对照学习,从而方便读者对资源的利用。把图书馆阅览室办成提高读者自学能力,培养读者阅读、分析、动脑、动手能力的第二课堂和培训基地。

(四)调整、重组阅览服务部门

在传统图书馆中,阅览工作因文献载体不同一般划分为期刊(现刊、过刊、

外刊）阅览室、参考书（中文、外文、古籍）阅览室。这种只能为读者提供馆藏书刊借阅服务的管理方式，已经不能适应现代网络化、数字化图书馆的发展，需要加以调整。网络化、数字化信息传播手段已经打破了图书馆的空间界限，凡是有网络的地方，都可以充分展示图书馆的全部实体馆藏和虚拟馆藏。因此，不少修建了新馆舍的图书馆都采用了"学科分区服务"的"一体化"服务模式，建立了按学科划分的大型专业阅览室。这种阅览室设置打破了书、刊、网和藏、借、阅的界限，专业书刊按照学科属性分藏于各阅览室，同时，各阅览室还设置了一定数量的读者终端计算机，工作人员也是根据其专业特长分布于各学科阅览室，读者的文献信息需求根据学科属性可在相应的阅览室得到全面的满足。

（五）提高阅览室工作人员的综合素质

传统图书馆馆员的主要角色是书籍整理者、文化传播者。在网络化、数字化图书馆时代，图书馆馆员扮演的角色是信息资源管理者、网络信息导航员和学科专家，这对图书馆馆员的素质提出新的更高的要求。网络时代的阅览服务工作要求图书馆馆员具有以下素质：

1. 高度的责任感和事业心

馆员应充分认识到图书馆是学校的文献信息中心，是读者学习的"第二课堂"，肩负着为国家的现代化建设培养接班人的重大责任，因而要对自己的职业具有强烈的责任感，恪守职业道德，满腔热情地投入到日常工作中去，忠于职守，尽职尽责。

2. 专、深的图书馆专业知识

网络化、数字化已使现代信息管理知识和技能融入图书馆专业知识中，即使是资深馆员，也应认真学习和掌握现代信息管理技能，构筑适应形势需要的新型图书馆专业知识结构。

3. 较高深的学科专业知识

在"学科分区"的服务模式下，阅览室工作人员不再只是书刊借还的管理员，还是学科知识信息的"导航者"，应具备某一学科较为高深的专业知识，以解答读者与专业有关的咨询问题，开展高层次的专业文献信息服务工作。

4. 较高的外语水平

互联网上的知识信息绝大多数是外文信息，其中不乏学科专业知识，亟待我们去收集、筛选、开发和整理。阅览室工作人员如果没有较高的外语水平，根本无法阅读和采集这些信息资源，更谈不上开发、利用信息资源为读者服务。

（六）加强阅览室读者导读和网络导航工作

随着图书馆专业队伍整体素质的提升，阅览室工作人员不再局限于书刊管理的工作，还应承担解答咨询的工作，否则就是专业人才的智力浪费。要针对读者的具体情况，主动热情地向读者介绍阅览室的情况，包括本室收藏书刊的范围、特色和分类排架方法，书刊的借阅程序与管理规则，利用图书资料应注意的问题等。在实行书、刊、网一体化管理，藏、借、阅相结合的新型阅览模式的图书馆，阅览室工作人员除了要开展纸本书刊的导读，还应开展电子文献和网络信息导航工作，以提高电子文献的利用率，引导读者充分利用好各种文献数据库和网络信息资源。阅览室工作人员应利用良好的专业素养和信息检索技能，向读者介绍并辅导他们使用图书馆购进的各种数据库，为他们利用网络信息资源"导航"，提高他们的信息素质，以适应当今信息社会飞速发展的需要。

第三章　移动图书馆阅读服务理论

第一节　移动图书馆的概念

学术界对"移动图书馆"的概念并没有一个统一的定义，国内外专家、学者的观点各不相同。加拿大阿色巴斯卡大学（Athabascan University）的 Yang Cao 等从系统建设的角度看待移动图书馆，他们认为移动图书馆是能够提供广泛的数字资源和图书馆服务的移动网站；乔纳森·海伊（Jonathan Hey）等认为移动图书馆是在移动环境下支持学习的信息获取设备，是数字图书馆的移动扩展，这是从数字图书馆的视角看待移动图书馆；莫哈默德·阿里（Mohamed Ally）认为，移动图书馆是通过移动设备（如移动电话、PDA、掌上电脑和智能手机等）来传递信息和学习资料的图书馆，它可以让任何人在任何时间和任何地点都能够访问；Wontae Chai 认为移动图书馆是随时随地利用移动设备的服务，它包含了移动互联网服务的概念。可见，不同的学者对移动图书馆有不同的理解。

国内也有多位学者对"移动图书馆"进行了定义，比较有代表性的学者有黄群庆、胡振华和蔡新等。黄群庆认为，移动图书馆是移动用户通过移动终端设备（如手机、PDA 等），以无线接入方式接受图书馆提供的服务；胡振华和蔡新则认为，移动图书馆是依托目前比较成熟的无线移动网络、国际互联网以及多媒体技术，使人们不受时间、地点和空间的限制，通过使用各种移动设备（如手机、掌上电脑、E-Book 和笔记本电脑等）方便灵活地进行图书馆图书信息的查询、浏览与获取的一种新兴的图书馆信息服务；高春玲提出移动图书馆泛指所有通过智能手机、Kindle、iPad、MP3/MP4、PSP等移动终端（手持设备）访问图书馆资源，进行阅读和图书馆业务查询的一种服务方式，此外，茆意宏、姜颖和陈丽萍等也从不同角度对其进行了定义。目前国内文献中引用较多的是黄群庆的观点。表 3-1 是对国内外移动图书馆主要概念的总结。

表 3-1　国内外移动图书馆的主要概念

作　者		概　念
国外	Yang Cao 等	移动图书馆是能够提供广泛的数字资源和图书馆服务的移动网站
	乔纳森·海伊等	移动图书馆是在移动环境下支持学习的信息获取设备，是数字图书馆的移动扩展
	莫哈默德·阿里	移动图书馆是通过移动设备（如移动电话、PDA、掌上电脑和智能手机等）来传递信息和学习资料的图书馆，它可以让任何人在任何时间和任何地点都能够访问
	Wontae Ally	移动图书馆服务是随时随地利用移动设备的服务，它包含了移动互联网服务的概念
国内	黄群庆	移动图书馆是移动用户通过移动终端设备（如手机、PDA）等，以无线接入方式接受图书馆提供的服务
	胡振华和蔡新	移动图书馆是依托目前比较成熟的无线移动网络、国际互联网以及多媒体技术，使人们不受时间、地点和空间的限制，通过使用各种移动设备（如手机、掌上电脑、E-Book、笔记本电脑等）方便灵活地进行图书馆图书信息的查询、浏览与获取的一种新兴的图书馆信息服务
	高春玲	移动图书馆泛指所有通过智能手机、Kindle、iPad、MP3/MP4、PSP 等移动终端（手持设备）访问图书馆资源，进行阅读和图书馆业务查询的一种服务方式

综合国内外学者的定义，移动图书馆就是利用现代的移动设备，为用户提供各种图书馆服务的一种移动服务方式。此外，谢欢等将移动图书馆理解为一种新的环境，在这种环境下，用户能够随时感受到图书馆的存在，这种环境可称之为"移动图书馆环境"或"移动图书馆时代"。

第二节　移动图书馆的主要特征

与传统的图书馆相比，建立在移动互联网技术上的移动图书馆有其自身的独特之处。移动图书馆不仅具有数字图书馆的一般特征，而且具有可移动的特征，同时还具有实时性、便捷性等新的特征。

一、移动性特征

与传统的图书馆不同，移动图书馆最重要的特征就是具有移动性。用户能够利用移动设备随时随地接收关于图书逾期、讲座通知、预约信息以及个性化定制信息等，也可在户外通过移动互联网随时查询所需要的图书资源。用户还可以通过移动终端设备来下载电子书刊进行随身阅读，并对图书馆、网络出版商等提供的电子资源进行在线浏览与检索。移动图书馆的移动性特征，可以帮助用户充分利用碎片化时间进行移动阅读。此外，用户还能通过各种移动设备，利用移动图书馆进行实时查询和检索，节省了用户的时间，方便了用户随时获取需要的信息，同时也提高了用户获取信息的效率。移动性特征使图书馆的服务方式发生了重大的改变，从而让移动图书馆有了更为广阔的发展空间。

二、实时性特征

实时性特征体现在用户能够在第一时间接收到图书馆发出的借阅到期提醒、讲座信息、新闻通知等即时信息，同时，用户也能够及时查询并获取到需要的相关信息。移动图书馆利用移动通信技术将移动互联网和图书馆完美地结合起来。移动图书馆服务平台可以随时将传统图书馆服务提供给用户，使得任何人、在任何时间都可以通过移动终端设备获得图书馆的信息与服务。在移动互联网环境下，移动图书馆可以实现全天 24 小时不间断的服务；同时，移动图书馆可以随时为用户提供信息查询、信息提醒、信息下载、信息推送以及自动回复等服务。移动图书馆能够为用户提供一种全方位的实时服务，用户通过移动图书馆可以即时获得所需要的信息。移动图书馆的实时性特征，能够为用户提供更及时、更高效的图书馆服务。

三、便捷性特征

便捷性是移动图书馆具有的重要特征，移动图书馆能为用户提供方便、快捷的图书馆服务。由于手机、iPad 等移动设备具有重量轻、体积小等特点，便于用户携带，因此用户不用受所处的地理位置、天气情况等因素的影响，可以随时、随地访问移动图书馆的资源。尽管移动设备没有台式电脑所具有的强大的处理功能，但它的处理器已经足够胜任网络信息浏览的重任，加之其可触摸的屏幕、小巧的外观和便于携带等特点，使得移动设备使用起来更加方便。随着移动通信技术的发展，移动数据的传输速率在大幅提高，移动设备的性能在不断增强，同时移动图书馆的功能也在不断丰富，移动图书馆能为广大用户提供更加便捷的服务。

四、主动性特征

传统的图书馆服务，大多是根据用户需求被动地为其提供信息服务，而移动图书馆与之不同，可以为用户提供积极、主动的服务。移动图书馆可以通过用户提供的资料和兴趣文档，构建用户模型，根据用户的需求为用户提供主动服务。移动图书馆以满足用户信息需求为目标，针对用户的需求规律和特点，主动与用户沟通；移动图书馆利用数据库、馆藏资源以及网络信息资源进行信息收集、加工和整理，以文摘、书目或全文的形式主动向用户提供信息服务。此外，移动图书馆还可以根据用户的需求，将与用户需求密切的资源进行有效的整合，主动地推送给用户；或者根据用户所处的时间或地点情境，主动为用户提供需要的信息。

五、个性化特征

移动图书馆能根据不同用户的信息提供个性化的服务，因此，个性化特征是移动图书馆的一个主要特征。移动图书馆为用户提供了一个全新的信息服务平台，使图书馆可以全天候、全方位地为每位用户服务，并且能够根据每位用户的需求提供不同的个性化服务。例如，移动图书馆可从用户的访问信息或构建的用户模型中挖掘用户的需求和兴趣，为用户推荐感兴趣的书籍或专题信息；移动图书馆还可以从用户历史检索行为中挖掘用户的兴趣点，从而为用户提供个性化的服务。移动图书馆的个性化服务需要根据用户的不同需求开展有针对性的服务。有些用户对信息服务的要求较高，需要的是专业性较强的个性化服务，为保证服务质量，移动图书馆对信息资源的开发不能够仅停留在书目开发和资源整合上，而是需要进行深层次的信息挖掘，如通过知识挖掘研究用户的专业性信息需求，并自动实现用户的个性化配置，为用户提供高质量的信息资源。

六、互动性特征

互动性也是移动图书馆具有的重要特征之一，在移动互联网时代，新一代移动通信技术具有人网互动的功能，移动图书馆可以通过移动互联网与用户进行相互沟通和交流，及时为用户提供需要的信息服务。相对于传统的"图书馆→读者"的单向服务模式，移动图书馆的互动性更强调"图书馆⟷用户"的双向交流，注重用户的体验和参与。移动图书馆具有的互动性特征，为广大用户提供了参与图书馆资源建设和服务的途径，从而增强了移动图书馆的可用性和实用性。实现移动图书馆与用户的双向交流与互动，体现了系统设计中以用户为中心的理念，也是移动图书馆研究发展领域追求的目标之一。同时，社交网络理论和 Lib 2.0 理论的兴起及相关技术的发展，也为移动图书馆的互动性发展提供了理论基础和技术支持。

综上所述，移动图书馆不仅具有移动性、实时性和主动性的特征，而且还具有互动性和个性化等特征，它是移动互联网时代图书馆信息服务的有效延伸与补充。移动互联网的发展，促成了移动图书馆服务方式的产生，而基于移动互联网的移动阅读，也逐渐成为一种新的生活方式。如今，移动图书馆为信息社会中快节奏生活的人们提供了一种灵活、便捷的阅读和学习方式。随着手机等移动设备的用户数量的迅速增长，移动图书馆的应用前景会更加广泛；同时，移动图书馆服务对信息社会的发展也具有重要的意义，它必将成为未来图书馆的重要服务方式。

第三节 移动图书馆的服务方式

目前，国内外许多图书馆已经相继开展移动图书馆服务，其服务方式也在不断地拓展，移动图书馆提供的服务方式主要包括 SMS 短信服务、WAP 网站服务、I-mode 服务和客户端软件服务等多种方式。具体如下：

一、短信服务方式

SMS（short message service）短信服务，是最常见的移动图书馆服务方式。它主要是通过手机短信的方式为用户提供移动图书馆服务，实现图书到期提醒、讲座通知、新书通报以及图书续借等服务。由于早期的移动通信技术主要是以短信服务为主，移动图书馆的建设也是从手机短信开始，因此移动图书馆短信服务相对比较成熟，至今仍被众多的图书馆延续使用。

如今，国内的移动图书馆大多是针对手机开展的短信提醒服务，而其他类的短信服务较少。而国外移动图书馆的短信服务，主要是短信提醒服务和短信咨询服务，短信提醒服务是由移动图书馆系统自动生成，能快速地为用户提供图书催还、新闻通告等信息；短信咨询服务是以短信形式发送咨询问题并以同样的方式接收回复的服务，短信咨询已经成为用户与参考咨询馆员进行问题互动的良好平台。

在移动图书馆的所有短信服务中，借阅到期提醒服务最为常用，并且短信提醒比邮件提醒更为方便。我国台湾 OIT 图书馆（Oriental Institute of Technology Library）的王春以（Chunyi Wang）等研究表明，采用短信提醒服务后，图书的过期率由 13.81% 下降到 10.23%，书籍的借阅量也有明显不同。此外，短信预约和短信续借等服务也比较受欢迎，并且对于上网不方便的用户来说，短信查询的需求也仍然存在。从国内外移动图书馆的服务方式来看，短信服务仍然是目前流行的移动图书馆服务方式。

目前由于手机的普及率高，用户群比较广泛，因此短信服务具有普遍性、实用性和灵活性等特点。同时，移动图书馆的短信服务可以利用移动通信基础运营商的终端设备以及图书馆已有的图书管理系统，并且具有结构简单、交互方便、成本低廉、稳定性好和扩展性好等优点，因此，移动图书馆的短信服务为用户带来了很多的便利。但与此同时，移动图书馆的短信服务也存在一些不足，例如，短信服务的格式比较简单，一般只支持文本类型的信息；同时由于短信的长度有限，较难实现复杂信息的检索，在业务量较高时，可能会因无线通道的阻塞而影响传送或业务失败；此外，接受短信服务的用户主要是被动地接受信息，缺乏双向交流，因此很多用户的反馈不够及时，并且用户隐私信息保密机制也不够完善。尽管如此，短信服务仍然是移动图书馆使用最为广泛的服务方式。

二、WAP 服务方式

WAP（wireless application protocol）即无线应用协议，它是一种全球统一的开放协议，主要是面向移动终端提供互联网内容和增值服务，是简化的无线

Internet 协议。WAP 使移动互联网有一个通行的标准，其目标是将互联网丰富的信息和先进的业务引入移动终端。图书馆采用 WAP 网站方式，可以为用户提供更丰富的移动图书馆服务，如移动馆藏目录检索、个人借阅信息查询、在线移动阅读等。

与移动图书馆的短信服务相比，WAP 网站服务方式具有独特的优势，能够弥补短信服务的不足之处。例如，用户可以随时通过移动设备登录移动图书馆的 WAP 网站，对个人借阅信息进行查询，了解图书馆的最新通知，对移动馆藏目录进行检索，对图书进行预约和续借等。移动图书馆 WAP 网站的实现，只须遵循一定的设计标准即可。并且，移动图书馆 WAP 网站具有界面简单、功能简约、操作便捷等特点，因此越来越多的移动图书馆采用 WAP 网站的服务方式。此外，WAP 在多媒体信息服务、数据同步、统一存储接口等方面的表现也比较出色。移动图书馆的 WAP 网站服务能为用户提供多元化的信息产品，满足用户个性化服务需求，实现与用户的实时在线互动。

目前，WAP 是使用比较多的移动终端访问互联网的方式。从技术的角度看，WAP 系统主要由 WAP 终端、WAP 网关以及 WAP 内容服务器 3 部分组成，其使用的语言是 WML（wireless markup language，无线标记语言），这种语言是 XML（extension markup language，扩展标记语言）的子集，可用来支持各种文字及图像等数据的显示。WAP 服务的系统结构比较灵活和开放，WML 语言可以支持更具交互性的服务界面的开发。

同时，WAP 是专门为小屏幕、窄带宽、高延时、有限存储容量和较低处理能力的无线环境而制订的一种无线应用协议。从传输网络上看，WAP 支持 GSM、CDMA（code division multiple access，称为码分多址）等多种移动网络模式，是目前移动信息服务平台的较佳选择，这种接入方式能与传统的网络信息服务保持高度的一致性。但是，WAP 服务方式也面临一些障碍。首先，WAP 服务必须通过 WAP 网关才能访问互联网，并且不支持 HTML（hypertext markup language，超文本标记语言）语言，所有网络资源必须在网络接通时才可使用，所以速度相对较慢；其次，WAP 网关一般是由运营商来建设，增加了投入成本和维护费用，而多数图书馆需要支付给运营商的费用是一大制约因素；再次，移动图书馆的用户群尚在发展阶段，WAP 网站的访问速度会影响用户的体验，并且图书馆相关服务还不够完善，很多图书馆尚未形成自己的运维团队。目前，虽然 WAP 服务方式还存在一些不足，但是 WAP 服务提供了比短信服务更强的功能，也是一种重要的移动图书馆服务方式。

三、I-mode 服务方式

I-mode 服务方式，是一种在日本广泛使用的无线通信模式。日本无线技术领导厂商 NTT DoCoMo 推出了"I-mode"模式的互联网连接服务，用户通过特制的手机可以连接到互联网上，当时主要的服务是 E-mail，同时还包括网络银行、网络订票等应用服务。I-mode 模式是全世界比较成功的一种移动上网模式，其最大的改变在于计费模式，它将以时间为主的计费方式改变成以封包（即下载量）为单位，如此可以大幅降低用户的上网费用，加速其普及速度。日本的富山大学图书馆和东京大学图书馆，利用 I-mode 模式开发了移动馆藏目录检索系统，用户可以方便地进行馆藏信息查询，此外，还可以进行借阅提醒和图书续借等服务。

I-mode 移动上网模式具有三点技术优势：第一，I-mode 采用了分组交换叠加技术，实时动态地分配通道，在用户暂停交流时信道分配给其他的用户；第二，I-mode 的分组交换技术能够保证用户总是在线，用户只要处于开机状态就处于联网状态，用户无须拨号便可畅游互联网；第三，I-mode 允许用 HTML 语言制作网页，这就意味着传统的互联网内容提供商可以轻而易举地提供 I-mode 内容服务，而 WAP 使用的语言则是 WML，传统的互联网内容提供商要想提供 WAP 服务，需要重新建设一个 WAP 网站。通过使用 I-mode 服务方式，用户可以随时方便地进入互联网菜单，包括移动图书馆及各种网址信息，并且其信息收费标准也比较低廉，因此这种服务方式比较流行。

利用 I-mode 服务方式，很多日本大学图书馆可接收学生的电子邮件预约，并且很多大学会给新生配置电子邮箱，只要把大学服务器的邮件转到手机上，学生们就能收到借阅图书的逾期通知等服务。通过无线电子邮件，还可以收到催还、预约、续借、服务调整或最新消息等实时信息。此外，通过 I-mode 网络，用户可以访问多家网站，可以查阅交通地图，与朋友交换照片，购买火车票和进行更多业务，而且，新型的 I-mode 手机能够解释语音命令等，用户还可以定制个性化的主页，打开手机就可以进入到自己定制的服务内容中。尽管 I-mode 服务方式具有很多的优势，但其不足之处在于它是基于日本的移动通信系统而不是建立在开放性的标准之上，这就限制了I-mode在全球的推广；同时，I-mode方式必须使用网关将无线网络连接到服务器上，而服务器上的站点也必须是I-mode方式，这也使其推广受到一定的局限性。据专家分析，如果技术方面能达成一致的话，未来的I-mode服务与WAP服务有可能会走向融合。

四、客户端软件方式

客户端软件服务，是一种安装在移动客户端的移动图书馆软件服务方式，能为用户提供更快捷、更强大的移动图书馆服务。用户在移动终端设备上安装移动图书馆客户端软件后，无须登录WAP网站就可以直接使用移动图书馆提供的服务。用户通过客户端软件可以实现多种移动图书馆服务，如移动馆藏目录检索、个人借阅信息查询、移动馆藏阅读、移动参考咨询以及图书馆导航等。此外，客户端软件服务还具有其他一些强大的功能，是一种比较实用的移动图书馆服务方式。

国内外一些图书馆相继开发了支持iOS、Android、Symbiai Windows等多操作系统的移动应用程序，并且取得了一定的应用效果。提供馆藏目录检索的移动图书馆客户端软件较多，有些软件还提供阅读评论、图书摘要信息及图书排行榜等服务。

Boopsie是一个专门开发手机应用程序的公司，该公司为OCLC的WorldCat、美国印第安纳大学等分别开发了适合用户使用的图书馆应用程序。其实现的主要功能有：利用GPS或其他的方法，在地图中指明图书馆资源位置；标示出检索到的资源状态；与维基百科（Wikipedia）等网站进行整合等。Boopsie开发程序的检索功能比较有特色，用户在检索的时候可以使用简写词，而不必输入全部的关键词，这体现了手持移动设备快速连接的特点。

移动图书馆客户端软件具有以下优势：第一，用户可以有效利用移动设备方便地进行检索。用户只须点击一下图标，输入关键字或用摄像头拍下要检索的内容，客户端软件会将这些文字或图像发给服务器，用户可以在极短的时间内获得检索结果。第二，在信息浏览方面，客户端软件要优于WAP服务方式。客户端软件为一键登录，布局清晰，操作方便，用户的体验更好，而WAP服务一般以链接形式存在，布局的清晰性和操作的方便性均不及客户端软件。第三，通过客户端软件，用户可以随时随地获取和分享信息，比如用户在阅读某书时可以写下个人看法，其他用户也可以看到并发表评论，通过互动交流，不仅能增加用户之间的联系，还可以提高用户的黏性。移动图书馆的客户端软件服务也有一定的局限性，它依赖于开发平台、终端性能、网络基础等多方面条件，由于开发平台有多种标准，提高了其研发成本和推广成本。尽管如此，但随着技术的发展，客户端软件服务必将成为一种重要的移动图书馆服务方式。

除了上述服务方式，还有一种 J2ME（java 2 micro edition）方式属于早期的移动开发模式，是 SUN 公司专门为小型消费类电子设备设计的平台。J2ME 将移动图书馆设计成客户端软件，用户可以通过客户端软件访问图书馆资源。但最近几年，该方式已经逐渐被 Android 和 iOS 的开发平台所替代。

五、服务方式的比较

移动图书馆的主要服务方式有短信服务、WAP 服务、I-mode 服务和客户端软件服务等。移动图书馆的短信服务是应用最为广泛的服务方式，具有结构简单、交互方便、成本低廉等优点，但也因其功能简单，长度受限，无法传输音频和视频等信息而具有一定的局限性；WAP 网站服务的应用较为广泛，提供了比短信服务更强的功能，其优势在于系统结构的灵活性和协议的开放性，服务内容也比较丰富，是目前移动信息服务平台的较佳选择，但在访问速度和下载流量等方面还存在一些问题；而 I-mode 服务方式是全世界最成功的移动上网模式，可以让用户更方便地访问互联网，并且其收费标准也比较低廉，但由于它不是建立在开放性的标准之上，这限制了它在全球范围的推广；客户端软件服务能为移动图书馆的用户提供更多元化的服务方式，用户能有效利用移动设备方便地进行检索和查询，其布局清晰，操作方便，有利于用户进行信息获取和分享，但由于其开发技术尚未完全成熟，研发成本较高，受到了一定条件的制约。表 3-2 是几种主要服务方式的比较。

表 3-2　移动图书馆服务方式的比较

服务方式	服务特点	主要优势	主要劣势
短信服务方式	短信服务是移动图书馆应用最为广泛的服务方式	具有结构简单、交互方便、成本低廉等优点	功能简单，字数限制，无法传输音频和视频等信息

服务方式	服务特点	主要优势	主要劣势
WAP 服务方式	应用较广泛，提供了比短信服务更强的功能	系统结构的灵活性和协议的开放性，满足个性化服务，在线互动，服务内容也比较丰富	在访问速度和下载流量等方面还存在一些问题
I-mode 服务方式	是全世界最成功的移动上网模式	保证用户总是在线，用户访问互联网更方便，收费标准也比较低廉	不是建立在开放性的标准之上，限制了它在全球的推广
客户端软件方式	能为移动图书馆用户提供更多元化的服务方式	一键登录，检索和查询更灵活方便，布局清晰，操作方便，有利于用户进行信息获取和分享	开发技术尚未完全成熟，研发成本较高，受到一定条件制约

六、移动图书馆服务方式的开展优势与发展限制因素

（一）移动图书馆服务方式是对传统服务方式的补充

移动图书馆短信服务主要是通过手机短信发送指令的方式进行服务。其信息内容与短小精练的文本为主，服务特色主要体现信息的及时性和互动性。移动图书馆的短信服务主要有短信提醒服务和短信参考咨询服务两种方式。通过手机短信通知系统，提供图书超期提醒、图书预约、短信续借、图书催还等一些图书馆的基本服务。短信提醒是由图书馆管理系统自动生成的，它能快速地为用户提供图书馆新闻通告、重要事件预告和其他资料以及提供图书到期提醒服务。而图书馆传统服务中，图书超期提醒、图书馆预约和图书续借都是读者必须到馆才能享受的服务。然而图书馆的目标是提供信息和读者获取信息的无障碍性，对图书馆而言，它提供的信息服务应该无处不在、无时不在；对读者而言，获取信息应该没有时间、地点、文化、语言的障碍，任何读者都可以随时随地地获取图书馆的任何信息资源。针对图书馆传统服务与这些理想目标的差距，移动图书馆服务方式是对传统服务有效的补充。

移动网站服务方式即图书馆 WAP 网站服务。移动版网站并不是桌面版网站的微缩版，它的主要任务是为不能访问桌面版网站的用户提供有价值的信息。比如用户不会通过移动版网站去阅读图书馆的责任、目标等，因为这样的内容

完全可以在家里阅读。用户访问移动版网站一定带着某种需求。而图书馆的目标就是识别用户的需求，然后尽可能地满足它。长期以来，评判图书馆服务的标准，都是以其拥有的资源规模质量来体现的。传统图书馆的服务主要是围绕纸质文献与图书馆馆舍而展开的，以保存藏书为主，形成了"重藏轻用""重管轻用"的思想，把服务用户放在了次要的位置。其主要服务内容是馆内阅览、书刊外借、文献复制等活动。传统图书馆一般只要是在资金允许的条件下，会尽可能地收集藏书，馆藏肯定永远是有增无减，即使过时的信息也可以作为历史文献，满足用户历史研究的需要。丰富的馆藏虽然为用户提供了大量的信息资源，但对于用户如何找到所需信息、用户何处能找到所需的信息、用户何时能找到所需的信息，传统图书馆的服务没有加以重视。

移动图书馆的服务方式具有多样性的特点，摒弃了传统图书馆单一、封闭、被动的服务方式，把服务推向市场，信息资源的总量和形式更加丰富，从而也刺激了信息产品的生产者和开发者与提供者提高服务的质量。移动网络的逐步开放性，读者范围从原来的办证到馆读者而扩大到移动网络用户，只要拥有移动网络，无论是哪个国家还是地区，都可以归为读者范畴。图书馆的服务在无线网络的支持下，真正地由被动面向用户变为主动服务，主动面向用户、面向需求，与用户的沟通更加无地域、时间限制。移动图书馆服务在用户信息需求类型和用户信息需求的时效性得到了极致发挥，把传统图书馆服务方式所不能达到的服务标准和服务质量变为可能。

（二）移动图书馆服务方式是数字图书馆服务的无线延伸

手机客户端软件简称手机客户端，它是可以在手机终端运行的手机软件。手机客户端安装过程与普通电脑软件没有区别，操作简单，使用方便。随着谷歌、安卓手机和苹果 iPhone 手机热销，智能手机和移动设备普及程度显著提升，正是智能手机和移动设备的普及和发展，为它们在更多领域的广泛应用奠定了更加坚实的基础。图书馆与客户端相结合，可向读者提供图书馆信息查询、预约续借、视频点播、参考咨询、账号维护与个性化服务等服务内容。图书馆移动客户端不仅可以为读者服务，也可以为图书馆馆员服务，以提高工作效率。现在智能手机客户端基本上是为用户服务而设计，包括在线参考咨询等服务功能；如果围绕以图书馆员为中心而扩展这些功能，增加手机在线回复、远程应用维护等功能，更能够使图书馆、图书馆员和广大读者这三者之间架设起更为紧密和牢固的沟通桥梁。

移动图书馆的服务也摆脱了馆舍的限制，服务人员满足读者信息服务的硬件要求得到了降低，用户获取服务摆脱了笨重的台式机和繁冗的电缆，更不用奔走于图书馆舍之间，只要能够接入无线网络，随时随地都可以满足自己的信息需求。用户在客户端既可以采用输入关键字模糊查询，也可以采用语音或图像搜索等方式来检索自己感兴趣的内容。无线客户端大大简化了读者获取信息的烦琐程序，客户端会将用户检索的关键字发送给图书馆服务器，由服务器在云端进行快速计算，并在极短的时间内将结果返回给读者，代替了图书馆逐架查询的过程。无线环境下，图书馆工作人员也可以在更加广阔的自由化移动平台实现对图书馆资源的一体化管理，图书馆服务器每天 24 小时不间断地开放，而系统管理人员不可能实现 24 小时适时地监控与管理，造成服务器异常情况的滞后性处理，这常常会造成服务器的瘫痪或数据的丢失，那对图书馆电子资源将是致命的打击，严重影响图书馆正常的工作秩序。利用无线网络设备，管理人员可以获得服务器出现异常时发来的即时消息，以便进行相关的处理，保证服务器和图书馆服务的正常运作。例如苏州大学图书馆采用的 RFID 技术，大大提高了图书馆的借还效率，但是这种方法通常依据读写器与安装在图书上的标签之间的信号到达时间来估计标签与读写器之间的距离确定图书馆的位置，这种技术相对耗时，如果流通部官员通过在手机等无线移动终端中植入相应的设备，在局部范围内优先进行搜索，则能够迅速地定位图书信息，节约工作时间。采编部的馆员通过移动终端随时和读者交流，将读者的推荐书信息即时发送给图书提供商，参考咨询馆员也可以通过移动终端随时登录，解答读者的问题，为读者进行咨询，有些智能终端可以进行视频交流，这样就更加方便咨询馆员提供咨询服务。

（三）移动图书馆是读者的掌上书库

移动图书馆提供移动馆藏服务，即提供在移动终端上使用馆藏电子资源，包括有声书、电子书、电子期刊、有声在线课程、音乐和影像资料等。手持阅读器的出现，无疑提供了一个新的契机。首先，增加了读者一次可借资源的数量。传统的纸本图书的借阅，读者在一个借书周期内可借出馆的数量，各个图书馆都有一定的限制，虽然这个限制数在逐渐调高，但是仍无法满足读者一次借出许多本书的需求。而手持阅读器的出现则满足了这一需求。移动的个人图书馆并不是一个大而全的数字图书馆，它的存在不是为了取代原有的图书馆服务，而是从读者需要出发，提供一些交互信息量较小的、实时性较强的贴身服务，弥补其他图书馆服务在时间和空间上的不足。因此，移动掌上书库是对原有数字图书馆信息服务的精心挑选和重新包装，同时，进一步有针对性地开发能够充分发挥手机移动终端优势的服务功能。

（四）移动图书馆服务发展的限制因素

移动图书馆服务发展的限制因素是从其服务方式在资源、技术、资金等方面来说的。

移动图书馆环境下对于图书馆来说首要解决的就是资源的问题，即图书馆可以提供哪些资源供用户移动终端访问及获取。目前我国移动图书馆服务方式中的短信服务提供的资源主要以各种信息为主，包括图书到期提醒、图书馆讲座信息、图书馆一些公告等，WAP 服务方式提供图书馆馆藏书目信息，用户通过移动客户端登录图书馆网站也只能进行书目查询、图书借阅与续订、证件挂失等，服务方式都不能像通过电脑访问图书馆数据库那样进行相关资源的下载，用户如果有这方面的需求很多情况还是得通过电脑来获取。而国外很多图书馆就有移动馆藏、移动导览、移动流通服务，用户通过相应的移动终端可以直接浏览图书馆馆藏的图书资料，并且可以将相关资源下载到移动终端之中。因此可以说，我国图书馆要想在移动图书馆环境下有所作为，首先要解决的就是资源的问题，即提供用户所需、并且通过移动设备就能获取资源。

与资源建设相关的另一重要问题就是技术及资金的问题，移动资源的建设需要资金及相关的技术，这也是各个图书馆必须考虑的问题。比如移动图书馆客户端服务就需要强有力的技术及资金支持，技术方面主要涉及的问题有：移动终端操作系统的问题，目前市场上移动终端产品品种多样、类型繁多，单就手机而言，不同型号的手机就拥有不同的操作系统，因此，如何使不同的操作系统都能访问移动图书馆资源是需要解决的一个技术问题；移动图书馆系统建设问题，以数字图书馆系统而言，一个成熟的数字图书馆系统通常包括管理子系统、资源建设子系统、服务子系统等功能模块，其中管理子系统又包括图书馆内部管理及用户管理模块，资源建设子系统包括资源的建设与资源的组织功能，服务子系统包括个人服务和共享服务等，移动图书馆系统也应包括这几个功能模块，如何构建这些模块，是技术需要解决的另一大问题；数据格式问题，由于数据存储的格式不同，其各自的加工方式及保密方式也就不同，因此，如何实现对不同格式数据的转换以方便不同系统的统一检索，这又是必须解决的一个问题；信息安全问题，随着4G市场的增长，各种移动终端所面临的安全威胁如隐私信息被盗、窃听等问题越来越严重，仅以手机为例，目前已发现的手机病毒达2000多种。此外，移动终端上网信息中包含了用户的真实身份，隐私问题也成为移动图书馆发展中要考虑的，因此，移动图书馆环境下如何加强对移动终端设备病毒的安全检测和用户隐私数据的保密措施，给移动终端用户提供一个安全可靠的上网保障，是另一必须解决的技术问题。

移动设备无疑会大大方便读者使用图书馆各种服务，但像WAP网站移动书目查询这样的服务在高峰时期可能出现较大并发使用，这将加大WAP数据库端服务器压力；一旦服务器性能在高峰时不足以支撑运行，又会影响系统稳定性和业务连续性。为此，可通过增加设备投入、将服务器虚拟化和整合计算资源等方法加以改善；也可采用更高效技术来提升服务质量，如智能手机上采用JSR135（MMAPI）控制手机视频点播，与传统方式相比，其点播质量有较大的提升。

现有系统繁杂，接口不规范。随着计算机技术迅猛发展，每年都会有新技术不断诞生和投入使用。因此，一些时间较久远的图书馆系统在设计之初可能并没有预留接口供移动客户端使用，还有一些系统虽然在开发时预留了接口和方法，但因新旧技术、各程序语言和运行机制之间互不相同，也会造成无法正常使用。这些问题都增加了移动客户端与现有系统的整合难度和复杂程度。这些问题可通过系统二次开发，将系统用户接口直接嵌入客户端程序或开发中间件，设计相关Web服务接口来解决。

移动设备与计算机客观条件制约。文中提及了移动设备在屏幕大小、主要用途和系统平台不同分类方面需要考虑的因素，它们会使开发移动客户端难度超过开发同样功能的计算机软件。由于移动设备在资源和性能等方面均落后于计算机发展水平，必须在设计时慎重考虑，反复修改与测试，才能使软件达到最优效果。

需求是图书馆是否实行移动阅读的首要考虑因素。在这里，需求包括读者需求和图书馆自身的需求。前文已讨论了读者的移动阅读需求正在增加，而在图书馆自身需求方面，随着科学技术的不断发展，公共图书馆在信息上的主导地位正逐步减弱。在传统典藏职能的基础上，要使自身成为社会的必要和重要组织，图书馆就需要不断地、有针对性地拓展业务，也就是针对图书馆用户（包括潜在用户）的需求开展业务，吸引更多的人使用图书馆。

七、移动图书馆服务方式应用的改进和选择路径

（一）移动图书馆服务方式应用的改进

1. 移动服务方式初期以借阅为主，移动阅读为辅

移动图书馆的服务方式是移动图书馆服务发展不同阶段的产物，移动图书馆服务的发展一方面取决于移动互联网技术的发展，另一方面取决于用户的需求与行为特征。针对读者的借阅服务依然是传统图书馆和移动数字图书馆所共有的最基本的图书馆服务。读者对移动服务的需求依次是检索图书馆信息、查询个人借阅情况、续借图书、挂失读者证、电子图书借阅下载、图书馆服务公告、各种活动讲座信息和文献传递等。开展移动服务首先要满足读者以上的基本需求，在此基础之上才能根据各图书馆的特点开展其他特色服务。

资源不足，数字图书出版机制尚未成熟，可浏览下载的数字资源太少，移动数字图书馆的核心服务是将图书馆的各种电子图书、期刊、专业数字库延伸到各类移动终端，让用户可以在移动终端检索、浏览及阅览全文，但目前大部分移动数字图书馆尚未提供或只提供少量的在线数字资源供读者阅读，例如，国家图书馆的掌上国图目前也只有1000余种图书和20余种报纸提供手机用户阅读。另外，数字图书出版机制尚未成熟。目前，传统出版社存在三种情绪：一部分出版社看到了数字图书的发展趋势，但只接受局部变化；另一部分认为数字图书发展会冲击畅销书的销售，加速自己的消亡；还有一些出版社则认为数字出版还是离自己太远了，并不是眼前需要考虑的事。由于供应链尚未理顺，导致现时出版的电子书种类过少、新书过少，移动数字图书馆可供浏览、下载的数字资源与传统网络海量的资源相比太少，资源的不足决定了初期发展阶段需要以移动阅读为辅助服务。

2. 由单一方式发展为多种方式互相补充

图书馆移动服务方式是各有优劣的。短信服务方式对软硬件的要求比较低，只要用户具有短信收发功能的手机即可使用此业务，具有及时、快捷、便宜、能够覆盖较大的用户群的优点。但由于短信的格式比较单一，长度受限制，对于数据库复杂的信息检索无法实现，服务水平只能停留在借阅信息的提醒和图

书馆信息发布上，更进一步的图书咨询服务在运作起来也有很多受限制的因素。移动门户网站这种服务方式的系统结构灵活，协议开发，实现方式多种多样，比提供短信的方式更为丰富和功能强大，但 WAP 服务方式的要求要高于短信服务方式，需要手机内置 WAP 浏览器，虽然使用方便，但在不同移动终端的效果不同，移动终端的用户体验有好有坏。基于移动网络的 WAP 网站加载速度更是谈不上有什么好的体验，虽然在高速无线网络的方式下与互联网体验一样。移动客户端服务方式开发更具有灵活性，可以为上网的移动终端提供更丰富的图像及多媒体内容，可以充分利用客户端和服务器端各自平台的优势，使功能尽量最大化，但这种服务对终端的要求也是最高，终端的硬件配置最低是支持 Java 虚拟机或者内置独立主流的操作系统。

从用户角度出发，如果服务的方式和内容比较简单，服务的方式以短信为主，WAP 服务功能也比较单一，不能满足用户即时获取信息的需要，但也不是服务方式越先进就越好，根据茚意宏在《图书馆手机服务系统的建设：需求调查与分析》中对南京地区部分图书馆读者和馆员的调查分析，读者对图书馆手机服务的需求是客观存在的，其中需求程度比较强的服务有借阅提醒、查询图书信息、查询个人借阅信息、续借、电子图书下载、图书馆服务公告等，这些服务可以作为图书馆手机服务系统优先开发的功能。充分调研用户的实际需要和潜在需要，再选择适当的技术和方法，才能更好地开展图书馆移动服务。所以说，图书馆可以由初级阶段一种单一的服务方式向多种服务方式互相补充去发展。

3. 推出新项目服务，丰富服务内容

手机二维码是二维码和手机的结合。基于手机二维码技术的移动服务的迅速发展，这一新兴技术在图书馆领域同样具有很好的应用前景，可以拓展图书馆传统服务、改善读者阅读体验，有效提升图书馆的基础服务能力。QR 二维条码应用上，图书馆可以将馆藏文献的题名、作者、来源、索书号、所在楼层和书架号等信息制作成 QR 二维条码显示在书目查询结果里，读者只须在具备拍照功能的智能手机上安装 QR 二维条码读取软件，经扫描译码后，通过手机屏幕显示的馆内路径便可定位到文献的具体位置。利用手机上显示的书目信息，用户可以带着手机到阅览室找书，省去手工抄写书目信息或者利用信息访问网上书店的步骤，也省去了键盘录入功能。

手机二维码在移动图书馆中的应用真正实现了阅读的移动化和无边际化。

这种技术同样可以丰富图书馆服务内容。图书馆里，手机二维码如果得到广泛的应用，会使得很多具有百年历史的大学散发出浓浓的现代气息。一般图书馆的入口处均安放了读取二维码信息的读码器，学生进入图书馆时，只须打开手机，调出手机上存储的二维码，然后将手机屏幕靠近读码器，便可将个人信息传到图书馆的电脑中进行身份识别，识别无误即可进入图书馆内，整个过程只要几秒钟，替代了原本烦琐的纸质图书证、人工识别等工作。图书馆借阅厅内的电脑系统也与二维码读码器实现了连接。学生将手机上用于身份识别的二维码扫入读码器，便可在旁边的电脑上查阅自己的图书借阅情况。已经借阅书籍的名称、到期时间等信息都一目了然，免却了手动输入的烦琐。二维码在阅览室内的应用也同样普及。学生将存储有自己信息的二维码扫入读码器后，便可在扫码器上方的屏幕上详细了解目前阅览室的实际状况，包括不同阅览室所在的位置以及剩余座位容量等。通过了解这些信息，学生可以决定选择去哪一间阅览室。

手机图书馆是以手机为平台提供图书馆各项服务的新型图书馆形态，因而其用户对象为手机用户，手机图书馆要求用户手机具有短信接受和上网的功能，其基本框架包括手机终端、移动接入互联网和数字图书馆系统。微博吸引用户眼球的就是与互联网的无缝链接，手机用户成为微博重要的用户对象来源，用户利用移动终端将精髓信息通过手机发布到网上，同时用户也可以通过用手机接受来自网络微博的信息，因而手机图书馆与微博具有交叉重合的用户群——手机用户，共同的用户为微博在手机图书馆中的应用提供了核心读者群。虽然微博在手机图书馆中还没有得到实际应用，但在实体图书馆中已经进入实践阶段，在美国、英国、加拿大等国家有多家图书馆利用 Twitter 通过网络搭建交流平台，读者通过 Twitter 了解图书馆的活动信息，图书馆工作人员利用 Twitter 进行业务交流；国内的高校图书馆也以新浪微博为平台介绍图书馆的业务、动态信息。微博在实体图书馆中的成功运用证明微博在手机图书馆中的应用是切实可行的。

微博与手机图书馆的契合点是网络与无线通信技术的结合，利用微博向手机发送信息、提供特色服务、进行业务交流是现阶段微博在手机图书馆得到应用的可行方式。微博向手机图书馆发布信息，首先需要手机图书馆以网络为平台与微博进行契合，契合的方式是在现有微博技术的支撑下，手机图书馆只需要在微博中将所有的手机图书馆用户进行注册，即可实现通过微博向手机图书馆用户发布信息。以微博为平台，手机图书馆的信息服务内容以动态信息为主，如馆内新闻、讲座信息、临时公告等。手机图书馆借助微博快捷的传播学特征，可以及时展示特色服务，而且根据服务对象及时提供特色服务信息，充分体现了个性化服务。手机图书馆中微博的特色服务领域体现于学科专业服务和数字化参考咨询。学科专业服务实现与专家面对面的信息交流方式。手机图书馆利用微博将专家所在领域的学科动态、发展前沿信息及时发送到专家用户手机上，比如学会召开、专业年度研究热点，根据专业特色服务内容要有所差异化，同时根据专家专业特色在微博上提供专业信息的定制，手机图书馆的专家用户只需要通过手机定制，就可以得到自己感兴趣的信息或服务，真正实现个性化服务理念。微博与手机图书馆契合的另一特色就是丰富了数字化参考咨询的服务方式——利用手机免费进行参考咨询。由于受经费和其他因素的影响，目前免费的数字化参考咨询仅局限于网络，这种数字化参考咨询要求用户必须有与网络相连的电脑，而微博与手机图书馆的契合将使微博成为手机图书馆数字化参考咨询的重要平台，这种方式摆脱了现有数字化参考咨询依赖于网络的服务状态，实现手机图书馆无须付费的无线参考咨询服务形式。

微博作为手机图书馆的业务交流平台，最佳的应用方式就是实现 OPAC 系统的微博化，使手机图书馆的用户可以通过手机接受来自微博的 OPAC 系统服务，这是由于手机图书馆与用户互动的重要途径就是 OPAC 系统，只有实现 OPAC 系统的微博化，才能使微博真正成为手机图书馆的业务交流平台。其次，微博也是图书馆行业内进行业务交流的重要平台，通过注册成为其他手机图书馆的粉丝，采取紧紧跟随、距离跟随、选择跟随的方式关注手机图书馆业务的发展。如对其他手机图书馆的馆内新闻可采取距离跟随，关注其动态；对试用、新购数据库及培训等活动采取选择跟随，借鉴对自己手机图书馆有利的服务活动和内容，而对与自己馆用户对象一致和相关的学科馆员及专家的微博采取紧紧跟随的方式，随时借鉴更新，加深学科的服务深度。

（二）移动图书馆服务方式的路径选择

1. 不同类型的图书馆移动服务方式的选择和应用

（1）高校图书馆应该积极开展移动客户端服务方式

对图书馆提供的移动服务，多数人认为应该有如下六种：查询馆藏书目及馆藏地；续借；快速检索各类电子资源和查看摘要；阅读电子书全文；阅读电子期刊全文；阅读论文全文。

大学生阅读主要包括专业阅读和课外阅读。据一些高校组织的大学生阅读调查报告，学习是大学生生活的重心，教科书及相关专业书籍（比如各种教辅材料、应试考级材料、英语学习资料等）是大学生阅读的重点，占用的时间也较多。大学生的课外阅读则呈现出多元化、娱乐化、时尚化的趋势，其中文学性阅读最受欢迎，特别是小说（比如武侠小说、言情小说、校园青春小说等）；其他如时尚阅读、体育阅读、生活阅读等也受大学生喜爱。当各种电子阅读方式出现在大学生的眼前时，他们大多乐于接受，尽管传统纸质阅读在时间上仍占优势，但是多数大学生认为在部分领域电子阅读比传统纸质阅读更具有优势，网络阅读、手机阅读等新阅读方式逐渐在大学校园内流行。加上随时随地上网的智能手机在高校中的普及率远高于社会普及率，目前大学生的手机阅读内容除了少量的专业阅读，如课程相关阅读、英语阅读等，大多是课外业余阅读，阅读的主要内容是资讯性和娱乐性信息，比如手机报纸、杂志、小说等。同时，不同的年龄、专业和性格让大家选择阅读不同种类的内容，总的来说，大学生对阅读内容的选择更趋于个性化和实用化，更多地倾向于满足自己的需要。

在手机阅读服务方式的建设上，由于手机阅读大多是应急阅读，内容不宜太长、太深，以快餐性阅读、片段性阅读、休闲性阅读为主，大都是"浅阅读"。根据这些特点，当前高校图书馆可以根据在校大学生的"浅阅读"需求，开展手机阅读服务，短信服务方式受到字数和文本格式单一的限制，而 WAP 网站受到资费和速度的制约，因此在智能手机普及率较高的高校中，高校图书馆应该积极开展移动客户端服务方式，在移动图书馆服务器端多建设一些受欢迎的期刊杂志、校园新闻等，或者在客户端加上社区分享功能，在校大学生可以通过手机与老师和同学分享有价值的学术文章或新书推荐，通过移动客户端使在校学生充分享受到图书馆移动服务。

高校移动图书馆客户端可以利用技术优势与现有图书馆应用系统高度集成，将 OPAC 系统、数字图书馆资源、一站式搜索系统、文献传递系统等应用系统服务高度整合，具有强大的应用服务能力。学生通过设置个人空间与图书馆 OPAC 系统的对接，可以实现馆藏查询、续借、预约、挂失、到期提醒、热门书排行榜、咨询等自助式移动服务，并可以自由选择咨询问答、新闻发布、公告（通知）、新书推荐、借书到期提醒、热门书推荐、预约取书通知等信息交流功能。其次，拥有功能强大的一站式搜索引擎。系统应用元数据整合技术对馆内外的中外文图书、期刊、报纸、学位论文、标准、专利等各类文献进行全面整合，在移动终端上实现资源的一站式搜索、导航和全文获取服务。另外，客户端可以集成丰富多样的海量信息资源，并具有先进高效的云服务共享架构。读者可以查找和获取的内容包括电子图书、期刊论文、报纸，以及学位论文、会议论文、标准、专利等中外文文献。高校图书馆应充分利用这些优势去大力开发移动客户端服务。

（2）专门图书馆应积极建设 WAP 网站文献资源

专门图书馆是专门收藏一学科或某一类文献资料，为专业人员服务的图书馆，如音乐图书馆、美术图书馆、地质和教会图书馆等。收集和组织专门领域的文献，主要为特定的读者服务。它的任务是为所服务的机构收集、组织、保管、利用并传播与该机构业务有关的各种资料。因此，提供专业性质较强的文献资源是其服务核心。如果将这种服务延伸的无线服务方式，则普及率较高而且实现最为简便的短信服务显然是不现实的，专业人员想要对从事领域的相关文献进行搜索和阅读通过简短的文本信息几乎是不能满足的，而由于一所专门图书馆的服务人员较少，而且专门服务人群较为特殊，专门去开发一款适合这部分读者使用的手机客户端不仅从资金方面受到严重制约，而且从功能上也会造成资源的浪费。所以，专门图书馆应该积极建设 WAP 网站服务。

图书馆只须添加 WAP 图书馆端服务器，在用户通过 WAP 把需求信息发送至服务器，服务器与 http 协议方式进行交互，把 Web 网页进行压缩，处理，返回到 WAP 客户端上。对于一些数据量巨大的专业著作，可以通过 WAP 网站的信息查询模块检索，查询该书的具体位置和各种馆藏信息，如果根据这种信息需求，去建立下载链接，不仅相应的 WAP 数据量使得无线客户端比如手机难以承受，流量的资费非常巨大，而且即使用户将正本专业著作下载到无线客户端，也难以做到真正去通过便携设备去进行专业研究。对于专门图书馆的 WAP 网站可以建立数据库检索权限模块。由于专业著作存在版权问题，通过这种模块可以仅限于服务机构和图书馆内部无线网络 VPN 方式打开，这大大抑制了读者的范围和使用率，减轻了 WAP 服务器的压力，也提高了对服务的质量，或者通过与中国移动或者联通等网络运营商联合，用户在运用数据库检索功能的同时，让其代扣费用，这样不仅节省了图书馆员的服务项目，也增加了图书馆建设和运营数据库资源的资金来源。

（3）公共图书馆应发展为 WAP 网站服务与短信服务互为补充模式

从服务方式来看，我国公共图书馆的移动图书馆服务主要采用 WAP 网站和短信两种方式，仅有国家图书馆提供应用程序下载的应用方式、上海图书馆提供二维码服务。美国公共图书馆的移动图书馆服务则以 WAP 网站为主要服务方式，辅之客户端应用，极少采用短信和二维码服务方式。从服务内容上看，我国公共图书馆的移动图书馆服务主要集中在书目检索、图书借阅、图书馆新闻讲座和参考咨询等基本服务，而电子书、音视频资源等方面的服务仅有个别公共图书馆略有涉及。相比之下，绝大多数美国公共图书馆的移动图书馆服务提供的移动图书馆均提供对图书馆具体方位的谷歌地图（google map）导引以及工作时间、联系方式及常见问题解答等实用型服务，还提供数据库检索及电子书、音视频资源下载等高端服务，并针对读者日常生活需要提供诸如家庭保健、医疗、租赁等个性化服务内容则丰富得多，除上述我国公共图书馆的移动图书馆服务提供的基本服务，对这种实用类的服务也应有所侧重。

我国公共图书馆与美国公共图书馆的移动图书馆服务差异较大。我国公共图书馆则侧重图书馆的基本图书服务内容，并将其不断细化，服务内容包含图书续借、预约、催还等。形成这种状况的原因是我国与美国读者的观念不同：绝大多数国内读者都认为移动图书馆服务就是通过手机定期接收图书馆通知等各类信息，而国外读者则认为图书馆是一个查找和获取信息的地方，渠道并不仅限于图书。

公共图书馆的移动图书馆服务对象是大众读者。对大众读者来说，除了基本的图书借阅服务，为他们提供图书馆具体方位、电话、工作时间等基本信息的介绍是非常必要且实用的；为他们提供参考咨询、留言反馈等交流服务是即时解决读者疑问最直接的方式。尽管我国移动图书馆服务包括诸如音视频下载、电子书、资源检索等服务内容，但是服务质量和水平都不高，可提供的电子书、音视频资源的数量非常少，读者使用率也比较低、无法形成规模，资源检索也局限于本馆馆藏书目检索。针对以上问题，我国应该加强对先进移动服务技术的借鉴和使用，拓展各类服务的规模和应用范围，促进移动图书馆服务内容的不断深化、完善，实现由简单服务到复杂服务、由实验可用到普遍应用的转变。

2. 不同发展环境下的图书馆移动服务方式的选择和应用

对于经济水平较发达地区的移动图书馆服务可以在发展短信、WAP、移动客户端等服务方式的基础之上，选择例如微博或者二维码等新服务方式。比如目前有些图书馆正在尝试的手持阅读器相关的读者服务，只是现在还处于试用和尝试阶段，由于技术和版权等方面的限制，其可供阅读的资源还是不尽如人意。手持阅读器并不支持所有的数字化信息资源格式，而且不能做到预装书的差异化。这些都是需要有待改进的。经费的充裕是这些移动图书馆开展新服务的先决条件，比如同济大学移动图书馆开展的微博服务。

对于经济水平较低地区的移动图书馆服务，可以从移动图书馆联盟入手。图书馆联盟的最主要目的在于，通过各成员馆之间的互通协作以实现资源的最大化共享，并且能够在较短的时间内，采用最便捷的方式最大限度地获取相关信息资源。然而，要想实现这一过程，必须在以移动网络技术为基础的环境下，各图书馆之间加大资金投入，加强计算机自动化和网络化建设体系，其中，各个成员馆之间的局域网建设是重中之重，这是保证其系统成熟建立的基础，只有通过局域网与移动互联网络的对接，资源共享的理念才能真正得到有效的实现，这样，移动网络环境下图书馆联盟将会为用户提供包括联机联合目录、联合购买在线资源、集团采购在线资源、开展在线资源和实体资源的原文传递和馆际互借以及复印优惠、合作存储、分布式的虚拟联合参考咨询、人力资源、管理资源共享等服务方式，针对目前图书馆联盟服务方式的弊端，从用户、信息资源分布、移动网络3方面出发，使三者之间相互联系，相互促进，为移动网络环境下图书馆联盟服务方式的构建做好理论基础，并以为用户服务为基本原则，提高图书馆联盟的利用率，从而提升用户对图书馆联盟服务的满意度。

第四节　移动图书馆服务模型

移动图书馆在建设过程中不能完全照搬数字图书馆，应该在有选择的基础上保留用户希望获得的服务。如果只是将传统数字图书馆完全照搬到移动设备上，并且让用户自己去适应这种转变，这样创造出来的产品和服务显然不是以用户为中心的，这样就难以获得用户的认同，久之也将失去用户基础。

一、移动图书馆建设原则

泛在图书馆是一种全新的图书馆服务理念，表明了未来图书馆的发展前景，在这种理念的指导下，图书馆的服务无处不在、无时不在，而移动图书馆则是实现这种服务的主要手段和方式。与实体图书馆相比，移动图书馆成为连接图书馆与用户的"最后一公里"，因此，移动图书馆服务模型的构建，也应该遵循以下几个原则：移动图书馆的公共性、公益性；服务的均等性；资源的共享性；发展的协调与创新性。

（一）公共性、公益性

移动图书馆服务是图书馆服务的延伸，图书馆是公益机构，同样，移动图书馆也应具备图书馆的本质属性。移动图书馆服务体系的公共性表现在其所有资源被社会全体成员共同拥有，其目标就是满足社会大众的科学文化的需求。另外，图书馆作为公益机构，特别是公共图书馆，其本质就是面向社会、面向大众开展公益性服务的文献知识服务系统。提供免费服务是公益性的具体表现，不仅传统的文献借阅免费，移动图书馆的阅读、下载、参考咨询也应该免费。

（二）均等性

均等性就是提供平等的移动图书馆服务。移动图书馆的服务对象是全社会成员，无论其经济条件、社会地位、文化程度、性别年龄、民族宗教，都有权利就近获取所需的知识、文化资源以及图书馆提供的各项服务。均等性也是世界各国公共图书馆的共同原则和目标。移动图书馆完全可以突破地区的限制，在更大范围内，甚至全国都可以享受移动图书馆带来的服务。

（三）共享性

共享性是移动图书馆服务体系的内在要求，其基础就是移动图书馆联盟，也是未来移动图书馆发展的一个趋势，是指在移动图书馆建设过程中，各成员单位通过文献资源共享的形式来实现拓展服务功能，提高文献覆盖率，同时也可以节约资源，降低运行成本。

（四）发展的创新性与协调性

创新服务、主动服务是移动图书馆服务体系的生命力所在，合理规划、长远发展，面向用户的移动图书馆服务体系才能不断满足用户需求。移动图书馆服务体系的构建要注重与新生事物的结合，拓展服务面，发展开放的系统，向移动学习、移动图书馆联盟转变。

二、用户层

（一）需求分析

1. 一般需求分析

移动图书馆自身的优点和读者对便捷获取信息的需求以及图书馆自身发展的需要是推动移动图书馆建设的动力。首先，移动设备具有以下几个特点：①便携性，移动设备质量轻、体积小，设备可以随身携带，不像台式电脑那么笨重；②交互性，移动设备可以实时交互咨询，从以往的图书馆单项为读者提供服务转为图书馆与读者、读者与读者、图书馆与图书馆之间的互动服务；③实时性，移动图书馆服务不受图书馆闭馆时间、休假等时间等因素的影响，读者可以随时随地访问图书馆资源，获取所需信息，使得以往的图书馆固定服务变为主动服务；④费用低廉，随着4G技术广泛应用，其资费标准也在不断下降，流量费、电子资源使用费用是移动图书馆的必要支出费用。

其次，移动技术的广泛与成熟应用以及人们生活节奏的加快，使得大众阅读方式发生转变，移动阅读逐渐盛行。在公交车上、地铁站里随处可见利用碎片化时间进行移动阅读的人群；图书馆受建设"泛在图书馆"理念的驱动，要实现图书馆的服务无处不在、无时不在的理念，完善移动图书馆服务体系至关重要；另外，受网络资源、电子资源的冲击，传统图书馆服务受到影响，图书馆在信息上的主导地位正在逐步减弱。

最后，就当前已经开通移动图书馆服务而看，在业务功能、移动阅读、创新服务等方面存在着严重不足，有不少的图书馆开通移动服务纯属是在跟风，并不了解用户的真正需求，缺乏移动图书馆服务体系的长远规划。庞大的用户基础是开展移动图书馆服务的前提；移动网络的发展和普及，移动技术的更新换代，是开展移动图书馆服务的基础；阅读方式的转变，对信息知识的渴求是开展移动图书馆服务的源动力；移动阅读市场的不断壮大和成熟，数字鸿沟的不断加深，图书馆社会阅读地位的动摇是开展移动阅读服务的策动力；建立健全的移动图书馆服务体系，不断创新服务，践行图书馆"5A理论"服务农村和社区是图书馆永远的使命。

2. 用户特征分析

我们发现，对于移动图书馆这一新生事物，大部分读者抱有很高的期望，在调研过程中发现有不少读者没有听说过移动图书馆，但是当我们给他介绍移动图书馆可以为其提供的服务功能时却都非常高兴地接受，虽然当前移动图书馆建设存在资源少、服务质量不高、收费、注册等这样那样的问题，读者还是很愿意去接触使用移动图书馆，通过这次调研，结合现今社会的特点，我们发现，用户对移动图书馆信息的获取具有以下几个特征：

（1）用户知识需求的多元化

随着学科分类的不断深化，学科交叉、学科综合的趋势加强，跨学科研究的日益增多，用户关注的也不再是某一个领域，而是转向多元化的信息需求。对信息的获取也不再满足于简单的检索和索取原文，而是希望能更丰富、更便捷地获取系统性、综合性、动态性的知识，特别是高校用户。因此，这就迫切要求图书馆在筛选移动资源时针对用户多元化的知识需求，提供内容全面、分类完整、形式多样的信息和知识来满足用户多元化的知识需求。此外，移动图书馆服务的对象是不同职业、不同年龄、不同教育背景的群体，这也决定了他们对信息需求的层次不同，展现出多元化的特点。

（2）用户需求专业化

我们让读者随便输入自己感兴趣的书籍、文献以测试移动图书馆资源能否满足需求，多数读者都会选择与自己学科专业相关的文献，对信息的要求也越来越高。这说明读者已经自觉把移动图书馆与移动学习结合起来，而不是仅仅作为休闲时候消遣的工具。用户认同移动图书馆的权威性、专业性，而移动图书馆也应当充分发挥作为文化信息中心的作用，像市场对待客户一样挖掘用户需求，有针对性地提供专业性和学术性的资源。

（3）资源的集成化

一方面信息呈爆炸趋势增长，一方面用户却抱怨越来越难以获取信息，出现这样的悖论是由于缺乏对信息的集成与导航，信息杂乱无章。图书馆不仅提供信息，还要对信息进行整理和分类集成，在对信息的获取上，用户希望由之前的不同的途径获取转向多位一体的"一站式"获取信息服务，对不同的专业领域进行分类，同一专业领域资源集成，一次输入，一次检索，不需要在不同的检索界面、不同的数据库之间切换，以至于影响查询效果。

（4）希望免费获取服务

内容付费对用户的吸引力有限，读者更多的是希望图书馆能提供免费服务。

另外有不少学者、机构也证实了这一现象，根据易观国际 Enfodesk 产业数据库发表的《中国手机应用市场用户调研报告》研究表明，移动互联网用户可以接受的手机收费应用中，手机阅读占 8.8%，比例比较低。因此，图书馆在建设移动图书馆的时候一定要考虑用户可以接受的费用范围。图书馆是公益机构，理论上不应收费，移动图书馆服务体系的构建也应该以此为标准，但是现阶段考虑到版权等国内实际情况，移动图书馆可以结合读者传统借阅证一起收取少许工本费，但从长远来看，随着移动图书馆服务体系的完善，实现知识信息的共享，阅读资源的完全免费是大势所趋。

（二）硬件平台

当前市场上比较常见的移动阅读设备主要包括普通手机、智能机、平板电脑、MP4/5/6、手持阅读器（PDA、Kindle、IPad、Sony Reader、Nook）等。这些构成了移动阅读的硬件平台，而我国的移动手持设备主要以 4G 手机为主，手机用户接近 11 亿，并且已由普通手机转变为智能手机。由于各种电子设备的广泛普及，用户可以方便地借助自有的移动阅读设备随时进行阅读。除了用户的自有设备，还有不少图书馆提供手持阅读器的外借服务，例如北京大学图书馆与汉王科技合作，向在校学生提供数字移动阅读外借服务；重庆大学图书馆与超星合作，向在校学生提供免费电子书服务；上海图书馆手持阅读器终端借阅率达到 100%；国家图书馆、首都图书馆、广州图书馆、成都图书馆、温州图书馆等也都相继开通电子书外借服务。通过手持阅读器的外借服务，可以解决那些没有移动设备的用户需求，而且可以存储大量书籍，方便用户选择，在某些方面规避了版权风险。

（三）软件平台

1. 操作系统

未来将是智能手机的天下，那什么是严格意义上的智能手机呢？智能手机除了具备普通手机的全部功能，还要具备掌上电脑的功能，有自己的处理器，最重要的是具备一个开放性的操作系统，在这个操作平台上，可以安装更多的应用程序（App 应用）从而无限延伸智能手机的功能。目前的移动设备操作系统特别是智能手机平台主要有 Symbian（诺基亚）、iOS（苹果）、Android（Google）、Windows Mobile（微软）、Linux、BlackBerry（RIM）等。

这些操作系统的特点是具有良好的开放性，可以安装更多的应用性软件，例如微信、二维码扫描、地图导航等。我国很多图书馆都开始使用二维码拓展移动服务，例如重庆大学把移动图书馆的网站链接制作成二维码，读者登录移动图书馆，只须用手机扫描一下就可以自动打开链接，清华大学图书馆将书目信息制作成二维码，读者可以很方便地获取图书的题名、索书号、馆藏位置等信息，还有的高校将二维码应用在图书馆馆舍或校园内，用手机扫描就可以获取所在楼层信息，了解图书馆馆藏分布等。在应用服务软件方面国外图书馆做得比较人性化，例如用手机可以预定停车位、视频点播、查找最近的图书馆、社区服务等。

2. 阅读软件

阅读软件的友好性同样至关重要，它直接影响读者的阅读体验。长期以来，传统互联网络发展相对成熟，然而网络上存在大量异构信息资源，其标准的应用与移动互联网存在种种不兼容，加之缺乏优秀的富媒体阅读终端，用户界面的不友好等问题，制约了移动阅读的进一步发展。因此阅读软件的人性化设计直接关系到读者阅读的舒适性。移动阅读软件的设计要更加注重交互性，更灵活的输入方式，能够展现不同的阅读风格。例如，根据人的眼睛长时间阅读容易疲劳等因素，可以加入动画或文字提示，每隔一小时自动弹出一些有趣的动画提示读者该休息了；读者根据自己的需要，实现相似文档的归并管理、自动变换阅读背景、灵活选择阅读章节内容、批示、标记、收藏、自动记忆读者近几次阅读的章节等。

三、内容资源层

现代社会大部分人很少会去图书馆查阅资料，而改去网上搜索，公众获取知识信息的渠道增多，单纯去图书馆读书看报及查阅资料的读者在大幅减少，图书馆在信息上的主导地位正在逐步减弱，图书馆需要不断地、有针对性地拓展业务，根据用户需求开展延伸服务。内容是移动图书馆的核心，图书馆目前的资源主要是图书、报刊以及购买的数据库资源等，其文件格式也主要是 caj、PDF、html、txt 等，这些格式很容易移植到手机等移动设备上。当然，因为版权问题，图书馆不能一概而论全部移植到移动设备上，因此，图书在建立和完善移动服务体系的同时应建立移动资源筛选机制。

（一）内容建设

1. 面向用户需求合理安排资源

图书馆在筛选资源时首先对用户进行分门别类，根据不同类别的用户，提供相关服务。高校图书馆现阶段面临的主要用户是在校学生，可以针对在校生的特点，有针对性地选择移动资源。例如学校的课程书籍、课件、辅导书、名著、励志书籍、自建数据库或者跟数据库提供商协商，在学校范围内允许数据库资源的阅读和下载。公共图书馆的用户主要是社会人群，来自各行各业，其需求更加多样化。公共图书馆可以根据所覆盖的区域定期举办一些宣传活动或者对到馆人员进行阶段性调研，了解其真实需求；对于农村用户，则可以跟当地农资站或农业局合作，提供一些农业科技知识的书籍，例如致富信息、农作物防病害、种植技术、养殖技术等；针对老年用户则可以跟当地老年大学、离退休老年活动中心合作，提供一些保健养生知识的书籍或讲座，并根据老年人视力下降的特点，制作一些视频讲座、戏曲等。

另外，图书馆在开发、选择移动资源时也要考虑一些硬件设备的限制因素。由于移动阅读受屏幕尺寸、电池续航能力等因素的影响，用户表现为碎片化的阅读特征，其时间也较短，多为 30 ～ 60 分钟。有机构做过统计，社会用户的移动阅读的高峰时段多集中在早 7 ～ 8 点、下午的 5 ～ 6 点，场景多为上下班途中，时长也较为零碎，对于移动资源的选择其字数最好控制在 1 ～ 3 万字，因为字数过长，人的眼睛容易疲劳。

2. 建立移动资源筛选、加工标准

目前国内图书馆业务依然停留在对信息的分类存储、查新检索等简单信息加工层面上，对于由信息转化为知识、情报的生产加工能力则显得力不从心，对资源的筛选也没有统一的标准，更多的是由图书馆自己决定，然后读者来适应。随着海量信息的层出不穷和用户获取知识越来越艰难的矛盾不断加深，图书馆有必要建立基于用户需求的资源筛选、加工体系。

首先，在用人方面，应该选择热爱本职工作，有丰富经验的图书馆员来负责移动资源筛选；其次，在筛选中可以借鉴一些成熟的模型，例如数字图书馆经过近几年的发展有了一定的积累，在筛选、加工过程中可以借鉴，但同时要兼顾移动设备的限制以及与传统互联网资源的不同。移动资源要更加具有针对性，针对读者需求，通过对图书馆各种资源的收集、筛选、加工、转换等环节，使其成为可供在移动设备上阅读的文字、声音、图片、视频等信息，方便读者随时随地获取所需信息。在筛选移动资源的内容时，一定要注重文献的完整性、新颖性、权威性、学术性、可靠性，兼顾可利用性。

3. 与内容提供商合作

任何一个图书馆都不能凭一己之力满足读者所有的需求，因而与其他图书馆或者内容提供商合作是解决本馆资源有限的良好措施。目前国内移动阅读市场火爆，众多内容提供商层出不穷，国外的有亚马逊、索尼和 Google 等，国内的有龙源、方正、新华瑞德等；在移动图书馆平台搭建方面做得比较好的公司有北京书生、江苏汇文、超星公司等。作为国内领先的电子图书和学术视频提供商，其构建的移动图书馆平台就有不可比拟的电子资源与版权资源优势。图书馆可以选择适当的内容提供商合作，采用 SAAS 的服务模式，即内容提供商将所有的服务部署在统一的服务器上面，图书馆只保留管理终端的权利，负责信息与资源的发布，用户端不需要安装任何软件，只须通过移动设备接入无线网络，就可以享受图书馆提供的服务。移动图书馆的建设通过整合私有云、公有云和混合云，逐步实现资源的共享，即把包括各公共图书馆、高校图书馆构建的独立的云平台以及各个图书馆之间服务的集成与共享，并且通过接口与公共的互联网连接。

（二）版权问题

版权问题是制约移动图书馆发展的瓶颈。移动图书馆的内容资源建设就避免不了版权问题，由于移动图书馆的资源不仅有图书、期刊、论文，还包括图片音频、视频资料等，不同内容和格式的资源版权保护的方式不同，保护范围和时间也不尽相同。图书馆在筛选资源时一定要遵循"先授权，再传播"的原则，获取授权的渠道有多种，可以从源头联系作者；可以与内容提供商合作，因为内容提供商提供的资源都是已经获得授权的；通过创新运营模式如构建移动图书馆联盟、SAAS 模式的云服务，实现资源共享。

四、服务层

（一）功能应用

移动图书馆的核心是资源，并且通过不断创新服务来完善，目前，我国移动图书馆更多的是提供一些基本服务，如信息的通知、读者信息管理、馆藏查询等，移动阅读服务尚未普及，即便是已经开通移动阅读的图书馆，其所提供的资源也十分有限，只提供少量的在线数字资源供读者阅读，与传统互联网海量资源相比，移动图书馆可供浏览、下载的电子资源还是太少。当前我国移动图书馆的服务更多的是数字图书馆的简单移植，功能比较简单，服务有限，算不上真正意义的移动图书馆，充其量只能是移动的"数字图书馆"。

1. 移动查询

检索是实现移动阅读的第一个环节，包括 OPAC 检索、商业数据库及自建数据库检索。移动计算因其计算环境的弱连接性、不稳定性、异构性、开发环境、算法选择以及移动电源设备的限制等因素，移动查询的效率、准确率受到一定的影响。如何能从众多繁杂信息中快速准确地找到自己想要的内容，一个高效的移动检索系统非常重要。考虑到手机等移动设备屏幕大小的限制，在设计移动检索时应尽量减少用户在检索系统之间来回切换，因此统一检索、一站式检索是移动图书馆检索技术的发展趋势。一次提交、一次检索，系统根据提交的检索词通过中间调度各数据库引擎，分别发送各个数据库接口，再根据各数据库检索结果，对结果数据进一步优化处理（查重，按时间、相关度排序等），然后把结果呈现给用户。在输入检索词时候应该注重智能化、个性化，可以键盘输入，也可以语音输入，还可以通过扫描书籍的 ISBN 条码或者二维码自动检索。查询技术的优劣决定着移动图书馆服务水平的高低，也直接决定了读者是否能找到自己所学的资源，而基于元数据一站式的搜索引擎，则可以为用户提供方便的检索体验，使其能轻松获取资源。

当前在检索技术做得比较成熟的商业检索系统有 CALIS 的统一检索系统、江苏汇文的一站式检索平台、清华同方的异构资源检索平台。

2. 移动阅读

移动阅读是移动图书馆最为核心的服务，是衡量服务质量优劣的重要指标。移动阅读就是读者通过移动设备访问图书馆资源，并获取所需信息。读者可以通过检索 ISBN 号、二维码扫描获取所需的书目、文献信息后，通过点击便可进一步在线阅读内容资源。这里所说的在线阅读不只是图书、文献资源，还包括音频、视频资料的在线观看和下载。由于移动设备等因素的限制，目前的移动阅读多呈碎片化阅读形式，图书馆在自建资源时可以根据这一特征有针对地选择，使得内容长度不要过长，最好控制在 1 ～ 3 万字。

3. 个人图书馆

个人图书馆是用户管理账户的平台。个人图书馆的使用首先要通过注册，获取读者身份认证；登录后用户可以通过个人图书馆这个平台进行个人的账户管理，包括借阅情况的查询、借书证挂失、图书续借、查看图书馆发布的个人通知等，通过个人图书馆还可以收藏、保存上次没有阅读完的书籍，以便下次登录后继续阅读。

4. 读者指南

读者指南的设立是为了方便首次使用移动图书馆的用户，通过对移动图书馆功能的介绍和引导，读者可以很方便地熟悉各种服务功能；在指南中还可以加入图书馆馆舍介绍、馆藏布局、读者注意事项以及违规处罚措施等，特别是版权声明，严禁读者复制和商业使用，违者必究。

5. 信息通报

信息通报是图书馆与用户单向交流的一个渠道。包括系统通过手机短信发送图书到期提醒、催还通知、新书通报、图书馆讲座信息等，还可以通过移动图书馆网站发布图书馆公告、新闻、展览、动态等，方便读者根据需求合理安排时间。

6. 移动参考咨询

参考咨询服务是读者与馆员之间的正式交流渠道，是移动图书馆的一项重要服务功能，主要用于协助用户检索、解答用户疑惑、文献传递等。用户可以通过短信、基于 WAP 网页的即时通信方式把问题发给图书馆，实现在线答疑。此外，用户还可以利用移动设备直接访问移动图书馆的 FAQ 数据库查找答案，或者通过移动网站的留言簿功能留言咨询。

7. SNS 服务

SNS（social network site）服务是近年来比较流行的综合性、个性化的展示交流平台，例如博客、微博、BBS 等，利用互联网络作为支撑，用户可以即时、便捷地发表自己的言论、文章或个人动态等，还可以与其他用户交流互动。图书馆开通 SNS 服务，例如微博，读者就可以通过图书馆的微博与馆员、其他读者交流互动，同时还可以就图书、电影等进行评论、推荐、转发和分享等。

8. 书刊推荐

图书馆仅凭一馆之力难以满足所有用户的需求，读者在检索过程中有些书籍可能找不到或者图书馆根本没有收藏，读者就可以通过书刊推荐这个渠道向图书馆荐图书。图书馆可根据读者提交的书目信息，进一步检索图书馆有没有收藏该书，如果没有，就根据读者的荐书频率，自行决定是否采购和采购的数量。

9. 阅读器外借服务

有条件的图书馆应该开展阅读器的外借服务，满足那些没有移动设备的读者需求。通过外借阅读器可以解决图书馆纸质图书紧张的问题，不但节约还环保，图书馆有些珍贵的孤本、善本一般不外借，难以满足大众需求，可以通过扫描或复印，制作成电子书供读者研读。

10. 位置服务

目前的智能手机等移动设备集多种功能于一体，GPS、RFID、摄像、拍照、多媒体播放、上网等。而如何充分利用这么多新功能、新技术，并且将之融入到图书馆服务中，是移动图书馆服务体系建设的一个重点。图书馆的地图导航服务是其中之一，包括馆舍内的地图导航，也包括各个分馆的位置导航。馆舍导航可以通过张贴二维码实现，读者用装有二维码识别软件的手机扫描即可以获取馆舍内的布局、图书分布，还可以把图书馆的整体布局通过视频立体呈现出来，读者在入馆之前即可了解图书馆的情况。分馆导航则可以把周围所有的图书馆在手机上展现出来，首先在手机上安装地图插件，利用电子地图浏览每个分馆的位置信息，然后通过 GPS 定位功能获取读者所在位置信息，最后将读者位置与各分馆位置信息进行比对，显示出周边一定范围内或者离自己最近的图书馆，方便读者按图索骥，找到自己所需的图书馆。

11. 个性化推送

推送服务因其方便性和人性化设计受到大众的推崇。个性化推送服务就是应用新技术、新理念，面向用户，将用户需求主动、及时、准确地推送给用户。图书馆要有主动服务的意识，个性化推送服务就是主动服务得很好的例子。图书馆可以采取"短信服务＋网站推荐"或者"彩信服务＋网站推荐"的形式。短信推送服务主要是向读者推送一些图书馆通知（到期提醒、图书馆讲座、新书通报等），用户可以根据自己的需求，有针对性地订阅图书馆某些服务。彩信推送服务内容相对多且丰富，图书馆可以将近期到馆的新书，以书评的形式打包成彩信推送给用户，或者将图书馆新购图书书目、数据库网站等以彩信加评价的形式推送给读者。

另外，图书馆可以追踪读者检索历史，根据检索历史对其进行排序归类，并有针对性地向读者提供网站推荐服务和链接。例如某些读者通过 OPAC 检索一本书籍，而图书馆没有该书，系统可以自动生成未满足读者需求的图书名单和未满足次数，并且按照未满足图书数量进行排序，图书馆可以设定一个阈值，例如同一本书有 10 个读者检索且没有满足其需求，那么图书馆就可以去市场采购该图书，并且将采购到的图书信息通过短信或者个人网站推荐的形式发送给读者。

12. 个性化定制服务

我国是手机用户大国，成年人几乎人手一部，这是目前最主要的移动设备，因其便携性、即时、互动，人与手机之间几乎是绑定在一起，人走到哪里，手机就跟到哪里。移动图书馆服务关注更多的是资源内容，并没有充分发挥手机这个特殊的设备在用户之间的作用，图书馆应该进一步挖掘用户需求，实现服务定位到每个人，例如可以针对用户生活需求与其他机构合作开展一些信息定制服务，如灾害预警信息、政府公开信息、求职就业信息等，还可以利用手机充当支付工具，支付图书的超期罚款以及查新、文献传递费用等，通过这些贴心、实用的服务真正满足用户的个性化需求。

（二）创新服务

根据网络调研结合读者阅读体验，不难看出，当前我国移动图书馆存在服务功能少且简单，业务过于同质化，移动资源缺乏竞争力等现象；创新不足，个性化缺乏是我国移动图书馆的共性。经验告诉我们，一个新生事物，如果没有了竞争力，且不注重创新，那么其优势也终将被取代，因此，移动图书馆的建设从一开始就要注重创新和整合，不仅要整合自身资源还要善于与其他新生事物进行整合，融合各种现有的媒体、资源、服务，构建多元化平台。例如利用移动图书馆实现信息、知识的协同服务，从提供信息到提供知识，从单向提供到多项互动，通过搭建移动图书馆多元平台，充分发挥无线网络的优势，把读者所需内容通过平台方便快捷地找到并传递给需求者。通过设立移动参考咨询服务，读者就可以与图书馆工作人员在线交流或离线沟通，从而大大节省读者获取信息的时间和成本，同样也减轻图书馆工作人员的压力；在移动阅读服务方面针对读者需求，通过对图书馆各种资源的收集、筛选、加工、转换等环节，使其成为可供网上阅读的文字、声音、图片、视频等信息，方便读者随时随地获取所需信息；成立移动社区服务，图书馆通过 4G 技术，利用移动社区服务平台，实现图书馆工作人员与读者、读者与读者之间的实时交流与信息传递。图书馆同样可以根据读者需求，把文献资源整合吸收，广泛协同馆内外资源来满足读者的知识需求；而读者之间也可以通过发布信息实现读者之间的知识交流与传递；进一步扩大用户范围，构建大读者服务格局。

五、管理层

管理是移动图书馆系统有序运行的保障，主要包括用户管理、资源管理、服务管理等。运营管理是移动图书馆发展的战略导向，即采取何种运作模式，客户端的研发是移动图书馆用户管理模式的创新，移动图书馆联盟、移动学习是移动图书馆未来发展方向。

（一）用户管理

随着信息社会的发展，移动图书馆服务范围的扩大，用户不再局限于所在单位的读者和群体，社区用户、高校用户、农村用户都应该纳入移动图书馆的服务范围，移动图书馆的用户也会越来越多，对用户的管理成为移动图书馆管理重点之一，包括用户的注册、用户身份的认证、用户权限的管理以及用户个人图书馆的维护。尽量简化用户注册流程，在遵守相关版权、法律的前提下，利用移动图书馆充分拓展服务范围和资源，提高移动图书馆的受益面，让更多读者随时随地享受到图书馆提供的高质量信息服务。

（二）资源管理

资源是移动图书馆的核心，资源管理是移动图书馆管理的重中之重。图书馆有丰富的资源，包括各种纸质图书、电子书、期刊、论文、自建数据库以及购买的内容提供商的资源等。图书馆要对众多的资源进行分类管理，方便读者及时获取所需信息，同时还要不断更新和淘汰过时的资源，建立资源的筛选和淘汰机制，根据用户需求及时更新资源，对于过时或不准确的信息资源及时下架，释放服务器的内存空间。

（三）服务管理

一个完善的移动图书馆服务应该尽可能满足用户的需求，同时拓展用户的个性化需要，它囊括了多项服务，是各种服务要素的有效整合。各项服务功能的有序运营依赖于对服务的管理，包括对用户需求的及时反馈、保障各项服务平稳运行以及不断创新服务等。

（四）运营管理

1. 客户端程序

智能手机的应用开发分为两种，一种是 Web 应用，一种是桌面应用（desk application），即手机客户端软件。有些图书馆研发了自己的图书馆客户端软件，读者可以根据需求自行下载安装，其优点在于用户体验好、用户界面比较灵活、速度快、交互性好，不需要上网也可以使用；不足之处在于平台的不兼容，需要针对不同的操作系统开发不同的客户端。例如重庆市图书馆、清华大学图书馆、国家图书馆等。使用客户端读者往往可以享受更多的服务，用户通过客户端软件方便快捷地登录移动图书馆服务器，实现更多交互功能。从严格意义上来说，客户端也是 App 应用软件的一种，目前的图书馆客户端软件主要满足读者阅读、账户管理、信息通知、书目查询等基本功能，较少地融入个性化服务；未来的客户端将集多种服务于一体，阅读、下载、视频 / 音频点播、SNS、即时聊天、参考咨询、图书馆座位预约等。

2. 移动图书馆联盟

资源的共享催生了图书馆联盟和数字图书馆联盟。最早诞生的图书馆联盟是目前公认的、有效的信息共享模式；20 世纪 90 年代伴随着互联网的快速发展，纸质书籍成本的不断攀升，图书馆经费的削减，以联合采购、共同开发为主要特征的数字图书馆联盟应运而生，并且逐渐成为资源共享的主要客体；现如今，移动技术的成熟应用促成了移动图书馆服务方式的产生，并且逐渐向未来信息资源共享模式——移动图书馆联盟转变。移动图书馆联盟作为移动图书馆服务体系的一部分，它的出现可以无限制地拓展服务范围、无限制地获取各种共享资源；对于弥补信息鸿沟，实现图书馆界一直追求的终极目标——"5A 理论"，具有重要的实践意义。移动图书馆联盟可谓一个全新的概念，对于其概念的界定还处于讨论阶段，目前尚未应用于实际。移动图书馆联盟是一种新的组织形式，对其研究还处于起步阶段，作为移动图书馆服务体系的一部分，是其未来的发展方向与理想模式。

发展移动图书馆联盟需要解决以下几个问题：

（1）版权因素

这是移动图书馆面临的一个很重要的因素。以目前的技术，实现移动阅读不是难题，版权问题成为移动图书馆进一步发展的障碍因素。图书馆在实体馆舍内传播知识，提供阅读是合法的，但是一旦改变其传播形式，经过有线或无线网络传播，就面临着侵权的风险。图书馆有大量纸质资源和电子资源，而如今因为生活节奏的加快，去图书馆看书的人越来越少了，那么，如何有效发挥这些资源的用途，使读者随时随地都可以使用图书馆资源？第一，图书馆要加大知识产权的研究，促进和推动有关图书馆资源无线传播标准的制订，争取获得资源的移动传播权；第二，图书馆与内容提供商合作，这也是目前比较流行的一种做法，内容提供商往往都是已经取得了移动资源的版权，通过与其合作就可以很好地解决侵权问题，当然与内容提供商合作，其提供的移动资源的内容可能没有办法完全满足读者的需求，而移动图书馆联盟的构建可以解决该问题；第三，图书馆可以通过一些技术限制，例如通过严禁复制，解决可能构成侵害知识所有者的复制权，通过禁止下载保护知识产权。

（2）技术问题

移动图书馆联盟的目标就是读者可以通过移动设备无障碍地访问任何一家移动图书馆，获取所需信息。而目前由于各家图书馆所采购的数据库平台的差异，数字存储格式和加工方式的不同，保密和身份验证的机制不同，移动终端的操作系统、阅读软件的不同，成为移动图书馆联盟的另一个限制因素。对于同一个开发商开发的移动图书馆来说，其平台搭建、运行机制、内容体系大致相同，而不同的开发商之间存在较大的差异。这就迫切需要有一个统一的接口来解决这一问题。而 SAAS 模式则可以很好地解决这一问题。

（3）运行机制

即各成员单位之间的协调问题。如果只有几家成员单位，协调起来比较容易，随着成员单位的增加，各单位的分工、权利和义务的划分逐渐成为一个难题。这就需要制订一个各成员单位都认可的合同和协议来制约，通过成立一个专门的机构来协调和约束，让移动图书馆联盟成为一个真正的共享风险、共担利益的联合体。

3. 移动学习

移动技术的发展正在促使网络教育从远程学习到电子学习再到移动学习转变，目前，学术界对于移动学习的研究有一定的基础。移动学习是移动图书馆的未来发展方向之一，对于实现城乡统筹、促进区域信息化发展进程，缩小数字鸿沟，照顾弱势信息群体有重要意义。另外，移动图书馆还可以支持户外学习，辅导课堂教学等，例如通过智能手机、PSP、MP4 等移动设备观看网络公开课。

第四章　移动图书馆阅读用户服务需求

第一节　移动图书馆用户需求

美国的大学与研究图书馆协会（Association of College and Research Libraries，ACRL）在预测影响学术图书馆现在及未来发展趋势的报告中指出，图书馆的发展趋势之一是"移动设备呈指数增长，新的应用将推动新的服务"，移动图书馆在为用户提供服务时，应充分考虑用户对移动图书馆的需求及用户偏好。因此，移动图书馆应充分关注用户的需求，在此基础上为用户提供更加方便和快捷的服务。

一、用户的信息需求

信息需求是指人们为解决各种问题而产生的对信息的必要感和不满足感，也是用户对信息内容和信息载体的一种期待状态。德尔文（Derwin）的"意义建构理论"认为，用户的信息需求会随着情境的变化而改变，在移动环境下，用户所处的时间和空间情境会发生变化，因此，用户的信息需求会随着时间和空间的变化而呈现出不同的特点。茆意宏认为，用户信息需求可以根据时间与空间的特点分为两种：一种是与时间相关的信息需求；一种是与空间（或地点）相关的信息需求。在移动互联网环境下，用户的信息活动具有碎片性、临时性和实用性的特点，相应的信息需求与时间情境密切相关。例如，用户通过移动设备处理应急信息，进行实时信息（如新闻动态等）的获取和交流，利用碎片化时间进行移动阅读等。与此同时，用户的信息活动空间具有本地性和目的性，因此相应的信息需求也与地点情境相关。例如，与地理位置相关的信息查询、信息接收和信息交流等。基于时间情境和地点情境的信息需求，与用户的情境信息密切相关。

　　基于时间的信息需求，是移动图书馆用户利用碎片化时间、闲暇时间或临时时间等使用移动图书馆服务的需求，也可以称之为即时性需求。在这种需求下，用户可以利用等候的碎片化时间，阅读移动图书馆提供的书籍或者多媒体信息，随时进行学习和了解专业信息，也可以利用无聊的闲暇时间进行娱乐和消遣等。当用户对移动图书馆有临时的需求时，还可以利用移动设备随时进行文献检索、查询借阅情况，或进行参考咨询等。此外，用户还对时效性较强的移动图书馆服务有需求，如借阅到期提醒、图书馆活动通知、图书馆座位查询或电脑空位查询等。同时还包括文献续借、文献预约、文献挂失及讲座预定等，这种需求则属于基于时间情境的实时需求。可以看出，基于时间的信息需求与用户所处的情境紧密相关。

　　基于地点的信息需求，是移动图书馆用户对与地理位置相关的信息需求，如大型图书馆的内部导航服务、馆藏图书定位服务（如通过手机快速找到书架所在的位置）、查询图书馆的地理位置、交通路线、公共图书馆的周边服务信息，或与邻近位置的其他用户进行交流等需求。尤其是馆藏图书的定位服务，用户可以利用移动设备方便地找到图书所在的书架位置，这种服务对于用户而言是非常实用的。目前，移动图书馆用户对基于地点的信息需求，尚不如商务用户和娱乐用户需求强烈，但这种移动图书馆服务不容忽视，移动图书馆可以引导用户积极地使用这类服务。从长远的角度看，基于地点的移动图书馆服务具有广阔的发展空间。

　　在基于时间和地点的需求基础上，移动图书馆的用户还具有个性化的信息需求。例如，不同的用户喜好阅读不同的书籍，移动图书馆可以根据不同用户的需求进行相关书籍推荐，用户还可以根据自己的专业或兴趣定制需要的专题信息。移动图书馆可以对资源进行有效的整合，并对用户群体进行细分，根据不同用户的偏好提供不同的个性化服务。个性化用户需求可分为显性的个性化需求、隐性的个性化需求两种。显性的个性化需求，主要是通过用户注册、用户交互、信息创造和发布等行为发掘用户的兴趣偏好、个人情况和专业需求等信息；隐性的个性化需求，主要通过用户的浏览行为、用户的信息收集行为等来发现用户可能存在的潜在信息需求。

　　此外，移动图书馆用户还具有互动性的信息需求。随着移动互联网的发展，很多年轻的用户希望通过移动设备获得互动的沟通和交流。同时，用户对移动图书馆的互动性需求也越来越大，因此，用户的互动性需求已成为移动图书馆的重要需求之一。玛莎·L. 布罗根（Martha L.Bmgan）从用户的角度出发，认为下一代移动服务会应用更多的信息推送技术，提供建立社区的工具、协作工具（共享文档、注释、评论等）和体现交互特征的工具。随着移动图书馆的发展，移动图书馆的互动应用服务，如图书馆移动社区、互动参考咨询、移动阅读分享及书评等服务，将逐渐成为移动图书馆未来的发展趋势。

综上所述，移动图书馆用户的信息需求主要包括基于时间的信息需求、基于地点的信息需求、个性化的信息需求，以及互动性的信息需求。表 4-1 归纳了移动图书馆用户信息需求的主要内容。

表 4-1　移动图书馆用户的信息需求

需求类型	需求的主要内容
基于时间的信息需求	• 提醒类需求（包括借阅到期提醒、预约书到馆提醒等）
	• 通知类需求（包括图书馆讲座通知、新书通知、开闭馆通知等）
	• 借阅信息查询（如文献到期时间等）、文献续借、预约和挂失等
	• 查询图书馆空余座位或电脑空位、讲座预定、实时目录检索等
基于地点的信息需求	• 对馆藏图书的定位需求（如通过手机快速找到书架所在的位置）
	• 图书馆内部的导航需求（如通过移动设备快速了解馆内分布等）
	• 对图书馆的地理位置、到馆路线，以及周边信息的需求等
个性化的信息需求	• 根据不同用户的需要，进行相关书籍的推荐
	• 根据用户的兴趣偏好，提供相关的移动资讯信息
	• 通过移动图书馆，定制需要的专题信息等
互动性的信息需求	• 能为用户建立互动的图书馆社交网络平台（如图书馆微博等）
	• 移动图书馆能满足用户的移动阅读分享需求
	• 能满足用户对书评信息的需求等

二、用户的群体分类

威廉·福斯特（William Foster）和凯恩·埃文斯（Cain Evans）在相关文献中对图书馆的用户群进行了分类，他们认为典型的图书馆用户群体（typical library user groups）可以分为三类，如表 4-2 所示：

表 4-2　典型的图书馆用户群分类

年龄组 （Age group）	年龄范围 （Age range）	用户群体 （User group）	信息技术使用 （IT use）
1	11 ~ 25 岁	网络一代 （net gen）	使用移动设备 （mobile devices）
2	26 ~ 55 岁	IT 依赖者 （IT dependent）	使用笔记本电脑 （laptops）
3	56 岁以上	老年网友 （silver surfers）	只使用图书馆 （library only）

　　同时，威廉·福斯特（William Foster）等还预测了 10 年到 20 年后，未来的典型图书馆的用户群体分类及 IT 使用情况。在表 4-2 中，随着时间的推移，"年龄组 2"的用户群体（IT 依赖者）将逐渐退休，但不会成为传统的老年网友，而会成为能熟练使用计算机的 IT 依赖者；同时会产生新的"普适一代"（pervasive generation），他们使用的信息技术是嵌入到环境或日常工具中的嵌入式设备，在无线网络的技术支持下，能够在任何时间、任何地点、以任何方式进行信息获取与处理；而"网络一代"（net gen）将成为人群主体，移动设备是他们常用的信息工具，移动交流和移动学习成为主流的生活方式；20 年后，老年网友（silver surfers，也称银发网友）使用的信息工具仍以图书馆设备为主。关于未来图书馆的典型用户群分类，如表 4-3 所示。

表 4-3　未来图书馆典型用户群分类

年龄组 （Age group）	年龄范围 （Age range）	用户群体 （User group）	信息技术使用 （IT use）
1	11 ~ 25 岁	普适一代 （pervasive generation）	使用嵌入式设备 （embedded devices）
2	26 ~ 55 岁	网络一代 （net gen）	使用移动设备 （mobile devices）
3	56 ~ 75 岁	退休的 IT 依赖者 （retired IT dependents）	随处使用计算机 （home and away IT）

（续上表）

年龄组 （Age group）	年龄范围 （Age range）	用户群体 （User group）	信息技术使用 （IT use）
4	76 岁以上	老年网友 / 银发网友 （silver surfers）	只使用图书馆 （library only）

在未来图书馆的用户群中，使用移动设备的网络一代将成为移动图书馆的使用主体，他们的年龄段为 26 ～ 55 岁，是移动图书馆的主力用户。因此，移动图书馆应充分了解该年龄段人群的需求，不断为用户提供高质量的图书馆服务。面向用户的移动图书馆服务，需要根据不同用户的特征，如年龄、性别、身份等人口统计学特征，以及信息行为特征等，对用户进行细分与研究，在此基础上设计相应的移动图书馆服务模式。移动图书馆可以根据用户的不同身份对用户进行细分，如面向教学科研人员，移动图书馆可提供专业性较强的移动信息查询和学术资源推荐服务；面向高校学生群体，移动图书馆可以提供及时的借阅到期提醒、讲座活动通知等服务；面向年轻的上班族，移动图书馆可以提供移动学习和娱乐资讯服务等。

移动图书馆用户与传统图书馆用户相比，具有一定的差异，但从某种意义上讲，移动图书馆用户是在传统图书馆用户的基础上发展而来的。移动图书馆的用户群体，按照不同标准划分，可以分为多种类型，例如，可以按照用户的年龄段进行分类，还可以按照用户的身份进行分类。此外，移动图书馆还可以按照用户是否到馆的情况，将用户分为到馆用户和远程用户两种：一是到馆用户，可以亲自到图书馆体验各种移动图书馆服务，这与传统图书馆的用户性质基本相同，但信息需求的实现方式与传统图书馆的用户有较大差异；二是远程用户，可以通过移动设备远程访问移动图书馆的信息资源，能够随时满足信息的需求，具有较强的便捷性。相对而言，移动图书馆可以为远程用户提供更为高效便捷的服务。

从用户群体的覆盖范围来看，移动图书馆用户范围广泛，只要拥有手机等移动设备的用户都可以作为移动图书馆的服务对象。目前，由于受到移动设备、通信资费、推广力度等因素的限制，移动图书馆在我国还尚未普及，很多用户并不了解移动图书馆服务，真正使用过移动图书馆的用户也相对较少。对此，图书馆应加强移动图书馆的建设和宣传力度，让普通百姓能够及时了解并愿意使用移动图书馆，让移动图书馆真正为用户带来方便快捷的服务。

三、用户的需求特征

移动互联网的出现使得人们对移动信息的需求急剧上升，越来越多的用户希望随时随地接入移动互联网，获取需要的信息资源。目前，移动互联网用户以年轻人为主，这类人群与外界交流的愿望比较强烈，并乐于尝试和接受新的事物和新的生活方式。在移动互联网的背景下，移动图书馆逐渐产生和发展，并在人们的学习和生活中扮演了重要的角色。移动图书馆的用户需求呈现如下几方面特征：

（一）需求碎片化特征

由于受到手机等移动终端设备的限制，移动互联网用户在时间上、获取信息和体验等方面具有碎片化的特征，因此，移动图书馆的用户需求也呈现一定碎片化特征。移动图书馆用户的使用行为一般穿插在日常工作和生活中，通常在急需时或等候时会使用，并且每次使用的时间较短，在时间上呈碎片化。同时，移动图书馆用户关注和获取的信息也呈碎片化特征，并且移动阅读层次通常较浅，缺乏深入性，这就要求移动图书馆能为用户提供内容适当、简洁、精准的信息服务。通常用户对移动图书馆的体验来自多次的短暂交互，而非长时间的单次体验，第一印象将成为用户体验的关键，有可能对用户进一步尝试的意愿和好恶评价产生显著的影响，而良好的碎片化体验会增加用户的好印象，进而增强用户的使用意愿，因此，移动图书馆应该高度重视用户体验的精细化与一致性。

（二）需求动态化特征

移动图书馆用户的需求并非一成不变，而是呈现出动态变化的特征。用户希望通过快捷、丰富的移动网络资源，获得各种新颖、精确、时效性的动态信息。美国图书馆学家兰开斯特（Lancaster）将用户群分为几种类型：无需求意识用户群、有需求意识用户群、无服务意识用户群，以及有服务意识用户群，其中，有需求意识的用户群是移动图书馆服务的重点，这些用户需要获得最新动态的信息。例如，高校教师和科研人员需要及时了解专业领域的发展动态和研究趋势，对信息的时效性、动态性需求较高。对年轻的上班族而言，他们需要移动图书馆提供及时更新的书目信息和相关资讯等，以满足他们对动态信息的需求。如今，信息资源迅猛增长，信息类型不断扩展，信息种类不断丰富，从根本上影响了用户的信息需求结构。因此，移动图书馆应不断地拓展服务，为用户提供及时准确、新颖快捷的动态信息，满足用户的动态化需求。

（三）需求高效化特征

随着人们工作和学习效率的提高，生活的节奏逐渐加快，用户对信息的需求也呈现出高效化的特征。在信息社会，每天有大量的信息产生，用户被各种类型的信息所包围，却很难找到真正需要的信息内容，因此，用户对信息的相关性、可靠性和准确性有了更高的要求。与此同时，用户希望能够快速、高效地获取信息，能够随时随地进行一站式检索，并获得相关主题的论文、照片、音频和视频等信息。用户信息需求的高效化主要表现在：首先，用户对满足工作、学习的信息需求较高，要求提供的信息具有准确性和可靠性；其次，用户要求获取的信息方便、快捷，能够减少用户的查询成本；再次，用户要求提供的信息直观、简洁，节省用户的阅读时间。移动信息组织与传递方式的变化，进一步激发了用户对信息高效化的需求。因此，移动图书馆只有提供高效、便捷的信息服务，才能不断满足用户的需求。

四、用户的需求规律

在网络环境下，用户信息需求的心理行为具有一定的特征和规律。同样，在移动互联网环境下，移动图书馆的用户具有相似的需求心理和需求规律，如最小努力原则、穆尔斯定律、马太效应和罗宾汉效应等。

（一）最小努力原则

美国哈佛大学的教授齐普夫（G.K.Zipf）提出了"最小努力原则（principle of least effort）"的理论。该理论认为，人们的各种社会活动均受最小努力原则支配，人们总是想要付出最小的代价而获得最大效益。在解决问题的时候，人们总是力图把所有可能付出的平均工作消耗最小化。最小努力原则，在一些文献中称之为"最省力法则"或"齐普夫的最小努力原理"。在日常生活中，人们总是希望通过最小的努力而达到预定的目标。遵循这一原则，广大用户在使用移动图书馆时，都希望采用最简单快捷的方式获取需要的信息资源和服务。因此，移动图书馆应从用户角度出发，努力为用户提供方便快捷的移动图书馆服务。

（二）穆尔斯定律

美国情报学家穆尔斯（Calvin Mooers）指出，如果一个信息检索系统对于用户而言，获取信息比不获取信息更加麻烦的话，那么用户就会倾向于不使用该系统，这就是著名的"穆尔斯定律"。穆氏定律说明，人们接受信息是需要花费时间和精力的，因此人们并不总是乐于去接受信息。目前，信息界对穆尔斯定律的理解有所改变，将其表述为如下的形式：用户在使用信息检索系统时越困难，花费时间越多，则使用该检索系统的次数就越少。穆尔斯定律与最小努力原则有相似之处，从本质上看，穆氏定律也可看作最小努力原则的一种表现形式。这充分说明，一个人的行为在任何情况下都是受花费最小力气驱使的。因此，移动图书馆在设计时应充分考虑用户的需求体验，尽量为用户提供方便和人性化的移动图书馆系统。

（三）马太效应与罗宾汉效应

马太效应（Matthew Effect）原指强者越强、弱者越弱的现象，广泛应用于社会心理学、教育等众多领域。马太效应源自《圣经·新约》中"马太福音"的一则寓言："凡有的，还要加给他叫他多余；没有的，连他所有的也要夺过来。"用户信息需求方面，也遵循一定的马太效应。对信息需求量大的用户，其信息需求会越来越多，用户在行为上表现为希望拥有更多的信息；对信息需求量小的用户，其积累的信息量会出现停滞，其信息需求量也会越来越少，这就是信息需求的马太效应。与此同时，用户信息需求也遵循罗宾汉效应：一方面，在信息资源不充分的情况下，用户的信息需求势必受到影响；另一方面，面对信息的激增，多数用户的信息需求水平会逐渐趋于平衡，也就是说，大多数用户的信息需求总量会趋于一个平均值，这就是信息需求的罗宾汉效应。马太效应和罗宾汉效应，其实是一个问题的两个方面。因此，在移动图书馆服务中，是要满足一般用户的需求，还是要满足重点用户的需求，这是一个值得思考的问题。

五、用户的偏好分析

用户偏好是指用户在考量商品和服务时做出的理性的、具有倾向性的选择，是用户认知、心理感受及理性的经济学权衡的综合结果。基于用户偏好的研究在心理学、行为学、经济学等领域具有广泛应用。由于用户偏好是一种心理倾向特征，是个体对客观事物的一种积极的习惯性心理倾向，因此，分析研究移动图书馆用户偏好具有重要意义。

移动图书馆用户偏好的形成和改变，与移动图书馆信息资源的丰富程度和服务情况有较大的关系。如今，用户的信息需求观念日益更新，信息需求范围不断扩大，用户对信息内容的要求也越来越高，这就对移动图书馆服务提出了挑战。胡慕海等认为，可以通过建立用户偏好模式对用户信息行为进行研究。用户偏好模式（user profile，UP）是通过跟踪和分析用户的需求行为，建立对每个用户偏好的抽象描述，是不能再分割的具有完备表达的知识单位。用户的偏好模式可以将用户偏好显性化，并且可以对用户偏好的内容进行共享和存储。用户偏好模式在逻辑上是完备的，并且具有一定的结构，能够支持推理的行为。用户偏好主要描述的是用户兴趣、资源特征、情境特征等概念节点及节点间的关联，使用的描述方式通常由矢量模型、分类法、领域本体和分类模型等。

用户在移动图书馆的使用过程中，会产生不同的用户偏好，这些偏好具有不同的性质，并且具有相对稳定的成因。从心理学的角度看，用户偏好实际上是一种心理倾向，主要可以分为四种类型：怀疑倾向，惰性倾向，惯性倾向和求新倾向。具体如表4-4所示。

表4-4　用户偏好的四种类型

序号	用户偏好类型	用户偏好内容
1	怀疑倾向	用户在信息使用过程中会存在一定的怀疑倾向，例如当某种带有广告性质的信息出现时，用户会自然产生抵触，采取防御的措施
2	惰性倾向	是指用户倾向于使用简便的方式，取得容易达到的效果。用户对使用结果往往不是追求最佳，只是想得到一个相对满意的结果，可称之为惰性，这种行为符合边际效应递减的原理
3	惯性倾向	是一种定式心理，是用户习惯选择和使用自己熟悉的某种服务的心理。用户经常会选择以往使用过的、印象良好的工具。例如，用户愿意使用查询速度快、结果准确而全面的系统，这也是用户选择使用系统的关键要素
4	求新倾向	系统的更新换代对用户而言具有较大的吸引力，新颖的系统无论在用户界面、服务项目等服务上，还是在更重要的信息内容方面都吸引着用户，用户愿意获得更新颖的服务

由上表可知，用户偏好呈现出几种心理倾向，移动图书馆在设计时应考虑用户的需求和感受。移动图书馆的设计者，可以对用户需求进行调查研究，或通过用户填写的资料，或通过系统日志等方式，获取和了解移动图书馆用户的需求偏好，从而为用户提供更好的移动图书馆服务。

第二节　移动图书馆用户需求调研

用户的需求是移动图书馆服务的出发点，它直接影响着移动图书馆服务的内容和方式。为更清楚地了解用户对移动图书馆的需求，本文采用问卷调查的方法，对移动图书馆的用户需求进行调查研究。

一、调查问卷的设计

在设计调查问卷之前，首先需要对国内外已有的移动图书馆问卷进行对比研究，在此基础上设计新的问卷。通过互联网检索、查询专业的调查网站（如知己知彼网、问卷星网站、天会调研宝等），得到移动图书馆的相关问卷 12 份，其中包括清华大学移动服务用户体验调查、华中科技大学移动图书馆服务问卷调查、复旦大学移动图书馆用户需求及体验调查等；同时，参考了国内外关于移动图书馆调查的文献，如英国爱丁堡大学的移动图书馆服务调查、美国肯特州大学移动图书馆网站的用户调研，以及我国茆意宏关于移动图书馆需求研究的相关文献等。

在对比分析国内外移动图书馆相关问卷的基础上，根据移动图书馆的用户需求进行有针对性的问卷设计。问卷调查的主要目的是了解用户使用移动图书馆的意愿、考察用户对移动图书馆的熟悉程度和影响因素，重点关注用户对移动图书馆提供的各项服务的需求等。通过问卷调查，能够对移动图书馆用户的需求情况进行综合了解。问卷拟从不同的角度来设计问题，设计遵循科学性、相关性和简洁性原则，兼顾用户对移动图书馆的需求和体验。由于移动图书馆用户的需求具有多样性，包括基于时间的需求、基于地点的需求、个性化需求和互动性需求等，因此，调查问卷从时间需求、地点需求、个性化需求、互动性需求以及用户体验等几个维度来进行设计。移动图书馆调查问卷共设计了 25道题，其中包括 24 道选择题（单选题和多选题）和 1 道开放式问答题（了解用户的建议）。此外，为防止用户填写问卷时对"移动图书馆"理解产生歧义，在问卷的卷首专门对移动图书馆的概念进行了解释，以降低用户理解上的偏差。考虑到用户起初填写问卷的防御心理，没有将用户的性别、年龄、身份等人口统计学特征放在问卷开始，而是将其放在了问卷结尾部分，以减少部分用户的心理抵触情绪。为使问卷的调研结果更加客观准确，保证问题的清晰、易理解，在正式调查之前选择了中国人民大学的 50 个用户进行了预调查，根据预调查的反馈进行了几次修改和调整，最后形成正式的调查问卷。

二、信度和效度分析

为了保证问卷具有较高的可靠性和有效性，在正式问卷发放之前，需要对问卷进行预调查，并对调查结果进行信度和效度分析。信度（reliability），又称可靠性，通常是指采用同样的方法、对同一对象进行重复测量时，所得结果的一致性程度，这里指问卷结果具有的一致性或稳定性的程度。效度（validity），又称有效性，通常是指测量结果的正确程度，即测量结果与试图测量的目标之间的接近程度。信度和效度分析，是评价问卷是否具有可靠性和准确性的一种有效分析方法。

信度分析的指标多用相关系数来表示，主要有重测信度法、复本信度法、折半信度法及 α 信度系数法几种方法，其中 Cronbach α 信度系数是最常用的信度系数，评价的是各题得分间的一致性，属于内在一致性系数，适用于态度和意见式问卷的信度分析。采用 Cronbach α 信度系数法进行信度分析。通常认为，信度系数应该在 0 ～ 1；如果问卷的信度系数在 0.9 以上，表示问卷的信度很好；如果问卷的信度系数在 0.8 ～ 0.9，表示问卷的信度较好，可以接受；如果问卷信度系数在 0.7 ～ 0.8，表示问卷需要调整；如果问卷信度系数在 0.7 以下，表示问卷的有些项目需要抛弃。

通过专业的统计分析软件（SPSS 软件），对调查问卷进行信度分析。首先，需要对问卷的调查结果进行数据整理和数据输入；其次，进行内部一致性分析，在 SPSS 界面中，按照 Analyze → Scale → Reliability Analyze 的步骤进行统计处理；最后，按需求输入统计结果，完成信度分析。通过 SPSS 软件，对整个调查问卷的题目进行了内部一致性分析，最终得到问卷总体的 Cronbach α 信度系数 Cronbach=0.817（信度系数在 0.8 ～ 0.9），说明调查问卷的信度较好，具有一定的可靠性和稳定性。问卷的信度分析结果，如表 4-5 所示。

表 4-5　调查问卷的信度分析

Cronbach α	项目数
0.817	25

　　调查问卷的效度检验主要考察问卷的准确性，目前的研究多采用因子分析方法对问卷的结构效度进行检验。首先采用 KMO 和 Bartlett's 球形检验来判断问卷是否适合进行因子分析，KMO 值越大，表示变量间的共同因子越多，一般认为 KMO > 0.7 以上效度可以接受。此外，Bartlett's 球形检验是用于检验相关矩阵是否为单位矩阵，若结论不拒绝该假设，则说明变量各自独立。

　　通过 SPSS 软件分析，得出问卷的 KMO 值为 0.721，说明适合做因子分析，Bartlett's 球形检验的 sig. 为 0.000（< 0.05），检验较显著，说明总体相关矩阵间有共同因子存在，适合做因子分析。将问卷中的原始变量进行因子分析，用主成分分析法提取因子，并将特征值大于 1 作为提取因子的标准，最终提取出 4 个因子。通常而言，若问卷的公因子能解释 50% 以上的变异，且每个条目在相应的因子上有足够的载荷（≥ 0.4），则认为问卷具有较好的效度。因子分析结果表明，4 个因子旋转后的累积贡献率为 52.06%，问卷中每个问题的因子载荷量均大于 0.4，说明问卷的效度相对较好。通过问卷的信度和效度分析后，即可进行正式的调查研究。

三、调查对象的选取

　　移动图书馆的服务对象范围广泛，可以覆盖任何年龄段的人群，但是由于移动互联网的用户群主要是面向年轻人，因此，目前移动图书馆的用户群体也主要是年轻用户。随着移动互联网的发展和普及，未来移动图书馆用户范围将逐步扩大。为了比较全面地了解不同用户群体的需求，问卷调查对象不仅包括年轻的用户群体，而且包括各个年龄段和职业的用户。为获得较为准确的问卷数据，正式的问卷调查主要采用纸质版问卷的形式，通过现场发放问卷，以取得较好的问卷回收效果。目前，公共图书馆和高校图书馆是图书馆的主体，用户的使用需求较高，因此，问卷主要选取公共图书馆和高校图书馆的用户作为调查研究的对象。

调研对象主要包括国家图书馆、首都图书馆、中国人民大学图书馆和清华大学图书馆的用户，所选取的这几家图书馆具有一定的代表性，它们都开展了不同程度的移动图书馆服务。由于公共图书馆和高校图书馆的用户群不同，用户的需求也会有所差异，因此，调查问卷分别选取了公共图书馆用户和高校图书馆用户进行调研。问卷的调查时间，从 2016 年 12 月 15 日开始，到 2017 年 1 月 20 日结束，历时一个多月，总共发放调查问卷 680 份，实际回收问卷为 643 份，问卷的回收率为 94.56%。在所有回收问卷中，剔除少数回答不完整的问卷及个别无效问卷，共获得有效问卷 612 份，问卷有效率达 90%。在整理后的 612 份有效问卷中，公共图书馆（国家图书馆和首都图书馆）用户问卷为 293 份，高校图书馆（中国人民大学和清华大学图书馆）的问卷为 319 份。问卷的调研结果，主要采用 Excel 软件和 SPSS 软件进行数据处理和分析。

四、调研用户的特征

调查共获取了 612 个用户填写的有效问卷。这 600 多个用户不仅包括高校图书馆的学生和教职员工，而且包括公共图书馆的各年龄层和不同职业的用户群。为全面了解不同用户对移动图书馆的需求情况，首先需要对调研用户的特征进行统计分析。

从调研用户的年龄分布情况来看，用户的年龄主要集中在 21 ～ 30 岁，约占用户总数的 62.58%；其次是 20 岁以下的用户，约占用户总数的 21.24%；随后是 31 ～ 40 岁的用户，约占总数的 10.62%；而 41 ～ 50 岁的用户和 51 岁以上的用户仅占总数的 4.73%。从用户年龄分布情况可以看出，30 岁以下的年轻用户约占用户总数的 83.82%，这说明移动图书馆的用户以年轻人为主，这比较符合目前移动互联网主要用户的年龄特征。

从调研用户的性别分布情况来看，男女性别比例基本平衡，但在所有调研用户群体中，女性的比例（约占 55.23%）稍高于男性的比例（约占 44.77%）。但从总体上看，用户性别比例差异不大，对于移动图书馆用户需求的研究影响较小。

从调研用户的职业分布情况来看，用户群体以学生为主，包括在校的各类学生，约占总数的 73%；其次是公司职员（9%）、教职人员（8%）、自由职业者（4%）、事业单位人员（3%），以及退休人员（2%）等；从用户职业的分布情况可以看出，目前的移动图书馆用户以年轻的学生群体为主；同时，公司职员和教职人员也是移动图书馆的使用群体，但是使用人数相对不多。这种分布情况比较符合我国移动图书馆的服务现状。

从调研用户的学历分布情况来看，用户学历以本科为主，约占总数的55%，其次是硕士（28%）、博士（11%）、专科（5%），相对而言，高中及以下学历（1%）人员所占比例较少。其中，本科和硕士是调研用户的主体，两者约占总数的83%。

五、影响因素的分析

在移动图书馆的用户调查中，有88%的用户表示愿意获得移动图书馆服务，有8%的用户表示无所谓，只有4%的用户不愿意获得移动图书馆服务。这说明多数用户愿意通过手机等移动设备，获得移动图书馆的服务。尽管愿意使用移动图书馆的用户占据多数，但调查结果显示，目前使用过移动图书馆的用户较少，在被访用户中仅有15%的用户表示曾使用过移动图书馆，而70%的用户表示没有使用过移动图书馆，还有15%的用户表示对移动图书馆不了解，这说明多数用户对移动图书馆并不熟悉，移动图书馆在宣传和普及方面还有待提高。

影响用户使用移动图书馆的因素较多，调查结果显示用户使用移动图书馆首先考虑的因素有使用的便捷性、服务的实用性、使用费用问题、阅读习惯问题等。在这些因素中，用户首先考虑的因素是使用的便捷性（37.77%），其次是服务的实用性（30.82%），然后是使用费用问题（18.71%）、阅读习惯问题（10.67%）以及其他因素（2.04%），这说明在移动图书馆服务中，用户注重的是使用的便捷性和实用性，同时，移动图书馆的使用费用也是用户关心的问题。此外，在调查中，不少用户在移动图书馆服务建议中提出，要求移动图书馆提供方便、实用、快捷的服务，最好能对用户免费；还有用户希望移动图书馆的界面设计美观、大方、简洁、新颖，注重用户体验等。因此，移动图书馆服务应重视用户的需求和体验，努力为用户提供便捷、实用和满意的移动图书馆服务。

尽管移动图书馆发展迅速，但目前移动图书馆服务在我国尚未普及，这与很多影响因素有关。调查结果显示，用户认为可能阻碍移动图书馆发展的因素，按照从高到低顺序依次为：①移动网速问题；②移动费用问题；③屏幕小，受局限；④阅读习惯问题；⑤操作输入不变；⑥其他影响因素（例如运营商限制等）。从调查结果可以看出，影响移动图书馆发展的制约因素与手机等移动设备的局限性密切相关。移动设备的上网速度、费用问题、屏幕局限等问题，直接影响到移动图书馆的用户体验。在所有影响因素中，用户认为阻碍移动图书馆发展的首要因素是移动网速问题，其次是移动费用问题，可见，用户最关心的还是移动设备的上网速度和上网费用。此外，还有部分用户认为手机等移动设备的屏幕小受局限，不符合他们的阅读习惯。考虑到不同用户的阅读习惯，有用户建议最好可以在手机、平板电脑和笔记本电脑中使用相似的移动图书馆界面和功能，以方便不同的用户进行选择。

从用户角度出发，是移动图书馆发展的关键。虽然目前移动图书馆的发展还受到一些因素的制约，但我们有理由相信，未来的移动图书馆服务将会更加方便和快捷。随着移动互联网技术的不断发展，以手机为代表的移动终端设备将呈现出形式多样化的特点，其性能会越来越强大，操作会越来越便利，移动终端用户也将保持一个持续增长的态势。4G 网络的逐渐普及和 5G 网络的商用，为移动互联网的发展带来了更广阔的应用环境，无线网络以其便利性将逐渐取代传统的有线网络，移动互联网将逐渐成为主要的信息服务平台。因此，在移动互联网发展的大趋势下，移动图书馆具有广阔的发展前景，移动图书馆必将成为未来图书馆的重要服务方式。

第三节　移动图书馆用户需求分析

移动图书馆的用户需求包括基于时间的信息需求、基于地点的信息需求、个性化信息需求和互动性信息需求，此外还包括移动信息检索需求和移动咨询需求等。为进一步了解用户对移动图书馆服务的需求情况，调查从时间、地点、个性化和互动性等角度对用户进行了需求分析，具体如下：

一、基于时间的需求

移动图书馆具有实时性特征，能够让用户在第一时间接收到图书馆发出的借阅到期提醒、讲座信息和新闻通知等即时信息，同时用户也能够及时查询并获取需要的相关信息。调查结果显示，用户对基于时间性的移动图书馆服务需求较高，尤其对借阅到期提醒、借阅查询、文献续借和移动目录检索等服务的需求程度较高。在 612 份有效问卷中，共超过 80% 的用户对基于时间的移动图书馆服务有需求。在所有调查对象中，用户对实时性的移动检索需求较高，86.11% 的用户对移动目录检索服务有需求；同时，有 85.78% 的用户对借阅查询、讲座预定、文献续借等及时性服务有需求。在移动图书馆的提醒和通知类服务中，83.17% 的用户对移动图书馆的提醒类服务有需求，80.72% 的用户对通知类服务有需求。此外，还有 79.41% 的用户对实时的空余座位查询或电脑空位查询有需求，可见，用户对基于时间的移动图书馆服务需求较高。

值得注意的是，在基于时间需求的移动图书馆服务中，高校图书馆用户和公共图书馆用户存在一定的差异。例如，高校图书馆用户对移动图书馆的提醒类服务（如借阅到期提醒）需求程度较高，需求率达 91.09%，而公共图书馆用户对借阅到期提醒等服务的需求率为 71.94%，二者存在显著差异。此外，在移动图书馆提供的空余座位查询或电脑空位查询服务中，高校图书馆用户的需求率（88.02%）也明显高于公共图书馆用户的需求率（67.19%）。这种差异主要由于高校图书馆和公共图书馆具有不同的用户群，高校图书馆用户借阅图书的频率较高，因此对借阅到期提醒等服务的需求较高。同时，高校图书馆用户以学生用户为主，由于图书馆座位资源稀缺，因此，他们对图书馆的空位查询需求较高，有不少学生用户对此项服务很感兴趣，希望移动图书馆能尽快实施该项服务。相对而言，公共图书馆用户通常到馆阅读，借阅图书的频率不高，因此对借阅到期提醒类服务的需求相对不高；同时，公共图书馆提供的座位一般比较充足，公共馆用户对空余座位查询的需求也不及高校馆用户那么强烈，但公共图书馆用户对移动图书馆目录检索服务的需求较高。由于高校馆和公共馆的不同特点，因此，用户需求也存在一定差异。表 4-6 所示为不同用户对基于时间的移动图书馆服务的需求对比。

表 4-6　基于时间的移动图书馆服务需求

服务类型	用户整体的需求率（%）	高校图书馆用户需求率（%）	公共图书馆用户需求率（%）
1. 提醒类的移动图书馆服务	83.17	91.09	71.94

（续表）

服务类型	用户整体的需求率（%）	高校图书馆用户需求率（%）	公共图书馆用户需求率（%）
2. 通知类的移动图书馆服务	80.72	85.52	73.91
3. 续借预定等移动图书馆服务	85.78	91.92	77.08
4. 移动图书馆目录检索服务	86.11	88.58	82.61
5. 移动图书馆空位查询服务	79.41	88.02	67.19

二、基于地点的需求

移动图书馆可以为用户提供基于地点的服务，如用户可以通过手机等移动设备，快速找到书架所在的位置，即馆藏图书的定位服务。移动图书馆还可以为用户提供图书馆移动导航服务，帮助用户快速了解馆内分布、提供到馆路线服务等。目前，基于地点的移动图书馆服务尚未完全实现，一些移动服务仍在研究探索中，调查主要是为了解用户对这些服务的需求状况。调查结果显示，多数用户对基于地点的移动图书馆服务有需求，尤其对馆藏图书的定位服务需求较高。在所有被访用户中，共有 86.27% 的用户对馆藏图书的定位服务感兴趣，有用户在建议中认为馆藏图书定位功能非常好，希望通过移动图书馆能准确定位到书籍的馆藏位置。

通过调查了解到，用户对移动图书馆的馆内导航、到馆路线及周边服务的需求并不高，共有 67.97% 的用户表示需要这类服务，14.87% 的用户表示不需要此类服务，还有 17.16% 的用户表示无所谓。尽管多数用户表示需要这类服务，但用户整体需求率较低，说明不少用户对图书馆的馆内分布、到馆路线及周边服务信息比较了解，尤其是高校图书馆用户对图书馆的熟悉程度较高，但此类服务对于高校新生或不熟悉图书馆的用户而言比较实用。

移动图书馆还可以根据用户所在的位置为用户提供相关的服务，如用户在某名胜古迹景点时，可以通过移动图书馆自动获取关于该景点的相关信息。此项服务具有一定的新颖性，在国内的移动图书馆服务中还未实现。调查结果显示，多数用户对于该项服务有需求，共有 77.94% 的用户对此项服务表示感兴趣，这说明用户对于一些新颖、便捷的移动图书馆服务有较大的需求。在基于地点的移动图书馆服务中，高校图书馆用户和公共图书馆用户的需求并无明显差异，二者都对馆藏图书的定位服务需求较大，而对移动图书馆馆内导航到馆路线服务需求较少。因此，移动图书馆的发展建设，应该以用户需求为中心，不仅要满足用户现有的需求，而且要挖掘用户潜在的需求，并引领用户未来的信息需求。

三、用户个性化需求

移动图书馆能通过移动设备为用户及时提供或推荐个性化的信息，如根据用户需要为用户推荐相关的书籍，根据用户的兴趣爱好为用户提供相关的移动资讯服务等，用户则可以根据自身需求定制相关的信息。移动图书馆的个性化服务，兼具移动性和个性化双重特点，能为用户提供及时有效的信息，但由于受到一些条件的制约，我国能提供个性化服务的移动图书馆还很少。调查结果显示，多数用户对移动图书馆的个性化服务了解较少，且整体需求度不高。在问卷中提到的个性化服务中，用户对个性化书籍推荐服务有较大的需求，总体需求率为 70.59%，但用户对通过移动图书馆定制专题信息，以及根据兴趣爱好获得相关移动信息服务的需求率不高，二者的需求率分别为 62.42% 和 63.24%。统计结果说明，多数用户对移动图书馆的个性化服务有需求，但需求程度不高，这一方面由于用户对移动图书馆个性化服务不够了解，另一方面由于我国移动图书馆的个性化服务尚未真正实现。

在移动图书馆的个性化需求方面，高校图书馆用户与公共图书馆用户并无明显差异。随着移动图书馆的发展，针对不同用户的特点提供不同的个性化服务，是未来移动图书馆的发展趋势。有用户在移动图书馆服务建议中提到，移动图书馆应首先做好读者的需求分类，在此基础上根据用户的兴趣爱好、专业特点等提供相应的个性化信息；同时希望移动图书馆的资源更丰富，为用户提供的个性化信息能够及时准确，并且允许用户自主选择定制，防止骚扰性信息和广告类信息的出现。由此可见，用户希望移动图书馆能提供及时、准确和需要的个性化信息，而不希望收到无用的垃圾信息。此外，用户对个人隐私信息的保护也有较高的要求，因此，移动图书馆在未来的建设中需要综合考虑用户的感受和需求，努力为用户提供高效率、高质量的信息服务。

四、用户互动性需求

移动图书馆能为用户提供互动的交流平台，让用户通过移动图书馆社区、图书馆微博等进行沟通交流，分享阅读体会。移动图书馆可添加用户书评功能，让用户在检索书目时能参考其他用户的阅读评价，及时掌握相关的信息。移动图书馆具有互动性特征，为广大用户提供了参与图书馆资源建设和服务的途径，从而增强了移动图书馆的可用性和实用性。由于移动图书馆在我国尚未普及，使用过移动图书馆的用户为数不多，能体验到互动功能的用户更是少之又少，很多用户对移动图书馆的互动功能并不了解，因此，用户对互动服务的需求也受到一定影响。

调查结果显示，66.18%的用户希望移动图书馆提供阅读分享或书评服务，24.51%的用户表示无所谓，9.31%的用户不希望获得此项服务。对于移动图书馆提供的社交网络互动服务，用户的需求程度并不明显，42.16%的用户希望获得该项服务，40.69%的用户表示无所谓，另有17.16%的用户表示不希望获得此项服务。其中，不希望获得移动社交网络服务的用户认为该项服务比较浪费时间，而希望获得移动图书馆互动服务的用户反映，可建立一些共同爱好的移动社区论坛，让用户自行选择使用。此外，还有用户建议移动图书馆阅读或书评服务，可以参考亚马逊书评或豆瓣阅读的移动服务。从调研结果了解到，多数用户对移动图书馆的互动服务是有需求的，只是需求程度不及借阅提醒和查询等服务。在移动图书馆互动性需求方面，高校图书馆和公共图书馆的用户无明显差异。由于互动性服务在我国移动图书馆中应用较少，对用户的需求也产生了一定的影响。但随着移动图书馆的发展，移动图书馆的互动应用服务如图书馆移动知识社区、互动咨询服务、移动阅读分享及书评服务，将逐渐成为移动图书馆未来的发展趋势。

五、用户的其他需求

移动图书馆可以为用户提供多种方式的服务，如短信服务方式、移动网站方式和客户端软件等方式。用户对移动图书馆服务方式的需求由高到低依次为：①3种服务方式的结合；②短信服务方式；③客户端软件方式；

④移动网站服务方式。从用户的需求选择可以看出，用户希望移动图书馆能将短信服务、客户端软件和移动网站服务相结合，为用户提供综合的移动图书馆服务。

移动图书馆可以为用户提供多种类型的服务。调查结果显示，用户对不同的移动图书馆服务的需求程度不同。在各种移动图书馆服务中，用户对续借或预约服务、移动提醒类服务的整体需求度较高；其次是馆藏图书定位服务、移动通知类服务；接下来是移动目录检索服务、个人信息查询服务；随后是图书馆移动导航服务、移动图书阅读服务、图书 / 信息推荐服务、个性化服务、移动咨询服务、互动性服务等。

调查结果反映出一个现象，即用户的需求程度与移动图书馆的发展程度密切相关。目前我国大部分移动图书馆已经实现了图书的续借 / 预约、借阅提醒等服务，因此，用户对这类服务的需求程度较高，但是移动图书馆的个性化服务和互动性服务尚未真正实现，而用户对这些新型服务的熟悉程度不够，因此，目前的需求相对较低。随着移动图书馆的不断发展，用户的需求也会不断发生变化。

调研在统计用户特征及分析影响用户使用因素的基础上，分别从时间、地点、个性化和互动性等角度对移动图书馆的用户需求进行了分析讨论。由于一些条件的限制，研究在问卷设计、数据采集和结果分析等方面还存在一定的不足，但希望调查结果能为今后移动图书馆的发展提供一些参考。

第五章　移动图书馆阅读服务内容

移动图书馆提供的服务内容主要包括：移动目录检索服务，移动馆藏阅读服务，移动参考咨询服务，移动二维码服务，以及其他一些移动图书馆服务，具体内容如下。

第一节　移动目录检索服务

移动目录检索服务（mobile OPAC service），是移动图书馆服务中重要的服务内容。国内外移动图书馆纷纷建设移动图书馆网站，在移动图书馆网站中最核心的部分就是移动馆藏目录检索服务。在美国移动图书馆系统中应用较多的检索系统，是 Innovative 公司研发的移动 OPAC 系统，即 AirPAC 检索系统。AirPAC 不仅能快速帮助移动图书馆用户进行馆藏书目检索，而且能够帮助用户进行借阅信息查询、图书馆通知查询等服务。移动图书馆的检索系统，主要通过相关模块自动抽取图书馆的书目信息，检索界面一般分为简单检索和高级检索等。如今，移动目录检索服务是国内外移动图书馆开展的最主要的一项服务。

OCLC 为 WorldCat 引入了一个试点项目，允许用户通过移动设备的应用来检索和查找图书馆资源，用户能够通过作者、关键词以及题目等信息进行检索，并且用户只须输入书名等信息的前几个字母，WorldCat Mobile 就能自动完成匹配。洛兰·佩特森（Lorraine Paterson）等的研究发现，80% 的学生认为移动 OPAC 很有用，调查还显示学生希望移动检索目录能够简单流畅，但也希望获得高级检索选项（如题目、作者和关键词等）以帮助检索。

通过文献调研发现，目前国外很多高校图书馆和公共图书馆都在使用

AirPAC 系统。相对而言，美国采用 AirPAC 系统的图书馆较多，如美国的韦恩州立大学图书馆（Wayne State University Library）、纳什维尔公共图书馆（Nashville PublicLibrary）、亨内平县图书馆（Hennepin County Library）和俄勒冈州蒙诺玛郡佛公共图书馆（Multnomah County Public Library in Oregon）；此外，新西兰奥克兰市立图书馆（Auckland City Libraries in New Zealand）、澳大利亚的悉尼大学图书馆（University of Sydney Library in Australia），以及中国香港理工大学的包玉刚图书馆（The Hong Kong Polytechnic University Pao Yue-Kong Library）等也都采用 AirPAC 系统。AirPAC 是 OPAC 产品的便携版本，在移动图书馆的服务中发挥了重要的作用。

在文献调研的基础上，对国外的 Mobile OPAC 系统进行了网络调研。调研发现，国外多数图书馆的移动 OPAC 是嵌入在移动图书馆网站中，但也有一些图书馆提供专门的 OPAC 检索服务。例如，芬兰国家健康科学图书馆（National Library of Health Sciences）的 Mobile OPAC 设计得比较新颖，按照 Feeds、Journals、Books、Databases & Sites 和 Profiles 进行了清晰的分类，其中 Feeds 包括了最新的医学期刊、博客文章、新闻和信息等，Databases Sites 则提供一些医学数据库和最新的医学网站，Profiles 为用户提供互动交流的机会，美国波士顿大学医学中心移动图书馆（Boston University Medical Center Mobile Library）的移动 OPAC 也比较有特点，其移动目录检索可以按照电子书标题（E-book titles）、电子期刊标题（E-journal titles）、书目数据库（bibliographic databases），以及在图书馆网站内（library website）进行检索，提供了较为高效的检索功能，加拿大瑞尔森大学图书馆的移动检索目录除了提供检索功能，还分别为用户提供了苹果 iOS 系统和谷歌 Android 系统两种版本，考虑了不同用户的需求。此外，美国莫洛伊学院图书馆（Molloy College Library）的移动检索目录，除了提供基本检索（basic search）功能，还提供高级检索（advanced search）、作者检索（author）和检索历史（search history）功能，同时还提供个性化检索功能，例如我的检索（my searches）、我的清单（my list）和我的账户（my account），而且其移动检索界面也设计得比较简洁、清晰。

移动目录检索服务是移动图书馆建设的重要环节，国内移动图书馆的 Mobile OPAC 基本上都和移动图书馆 WAP 网站结合在一起，专门提供移动 OPAC 的图书馆较少。国内的图书馆一般采用超星、书生或汇文的移动图书馆系统，也有一些图书馆采用自建或合作的方式构建移动图书馆。我国图书馆的移动检索目录通常按照图书、期刊、报纸、学位论文、视频、新闻等内容进行分类。其中，广东省立中山图书馆（与中国移动通信集团合作建设）移动检索目录比较有新意，馆藏书目查询可以按照书名、作者、索引号、分类号等进行检索，并且数字阅读可以按照章节、图书、期刊、报纸和学位论文进行查询。天津少儿移动图书馆的检索目录也很有特点，馆藏查询目录按照知识、电子书、纸书、期刊、动漫、视频进行分类，还有搜索热词的提示。综合来看，移动目录检索服务在移动图书馆的服务中发挥了重要的作用。

第二节　移动馆藏阅读服务

移动馆藏（mobile collections）包括电子图书、电子期刊、有声图书、在线课程、音频和视频等资料，用户可以在移动设备上阅读和使用。与传统的馆藏资源相比，移动图书馆的馆藏覆盖范围更为广泛。埃利萨·克罗斯基（Ellyssa Kroski）认为移动馆藏是图书馆为用户提供的可移动的数字多媒体馆藏，能使用户从图书馆远程服务中受益，内容包括视频、音频、电子书、电影和 CD 等。美国莫瑞州立大学图书馆的利利娅·穆里（Lilia Murray）将移动馆藏分为音频资源、参考书籍、谷歌图书、OverDrive 电子书和数据库资源等类型。

移动馆藏资源可以分为两种类型：一种是移动图书馆购买的馆藏资源，另一种是移动图书馆自建的馆藏资源。其中移动图书馆购买的馆藏资源相对较多，主要包括各种类型的移动数据库，如 EBSCOhost Mobile、IEEE Xplore Mobile，WorldCat 等数据库；同时还包括提供一些期刊数据库，如 *Nature*、*the Journal of Renewable and Sustainable Energy*、*the Journal of the American Chemical Society* 等。在国外图书馆数据库中出现了不少可以利用移动设备查询的数据库，如美国国家医学图书馆（National Library of Medicine）为用户提供 PubMed Mobile、MedlinePlus Mobile、TOXNET Mobile 和 Drug Information Portal Mobile 等数据库；同时，国内的 CNKI 数据库、龙源期刊数据库也先后推出了移动版本。此外，Amazon、Overdrive、Google Books 等也向用户提供了移动电子资源。还有一种类型是移动图书馆自建的馆藏资源，这种资源主要是基于图书馆的特色馆藏建设而成的，包括各种珍贵的图片、照片、古籍、音频和视频资源等。例如，美国北卡罗来纳州立大学（North Carolina State University）提供的 Wolf Walk 应用数据库，Wolf Walk 中含有 1000 幅学校的重要人物、地点和事件的历史图片，它是应用移动馆藏探索新的用户交互模式的一个试点项目；德国巴伐利亚州立图书馆（Bayerische Staatsbibliothek）将该馆珍贵的古籍和手稿加工成移动馆藏资源，通过苹果 iTunes（一款数字媒体播放应用程序）为用户提供服务。

目前，国内外不少图书馆为用户提供多媒体数字资源的移动馆藏。近年来，通过听书的方式阅读有声读物是流行的一种新型阅读方式，它是把纸质的图书经主讲人朗诵出来成为有声读物，尤其能满足视力不便的老年人、残障人士和少年儿童等人群的需求，用户通过移动设备来点播所需信息，能够享受到移动阅读的乐趣。例如，美国托马斯福特纪念图书馆（Thomas Ford Memorial Library）和圣约瑟夫县公共图书馆（St. Joseph County Public Library），它们为用户提供有声图书（audiobooks）服务，用户能够将有声图书预装到借出的 iPod 中随身携带，图书馆允许借阅三周；贝勒大学的 Crouch Fine 艺术图书馆则将音乐课的听力作业预装到 iPod 上为学生提供服务，这类资源以教授姓名或者课程号为序编排，学生可以将设备借出 12 个小时；阿拉斯加州费尔班克斯大学图书馆（University of Alaska Fairbanks Library）通过 Listen Alaska 的门户网站为学生和教职员工提供外语学习、历史和政治等方面的有声读物，纽约公共图书馆（New York Public Library）则通过 OverDrive 实现电子书服务，为用户提供2500 多本便携式电子书；我国台湾 CHT 图书馆（Oriental Institute of Technology Library）为用户提供移动视频点播服务，其移动视频系统（Mobile VOD System）约含有 1000 多个正版视频，包括探索频道（Discovery Channel）、国家地理频道（National Geographic Channel）、校园讲座 / 演讲等各类移动视频馆藏资源，用户通过标题或创建者等信息可查询需要的视频资源。我国香港浸会大学的一项研究表明，移动视频馆藏具有重要性，用户通过客户端软件和移动网站观看视频情况相同，图书馆有必要提供移动馆藏服务，以满足当前用户的需求。

国内外图书馆在建设移动馆藏资源的同时，也在开展各种移动阅读服务。目前图书馆主要提供两种方式的移动阅读服务。一种是"硬件＋资源"的外借方式，主要是电子书阅读器出借服务（electronic book readers leading service），这种方式由图书馆购置一定数量的阅读器，在预装移动馆藏后为用户提供服务，用户借出后可以下载移动电子书等馆藏资源；另一种是允许用户利用自有移动设备借阅图书馆的移动馆藏，这种方式是通过专用软件对用户和资源进行管理，用户可以安装相应的移动客户端软件，或者直接在移动图书馆网站上进行在线阅读。这两种移动阅读方式各具特色，相对而言，国外开展电子书阅读器出借服务的图书馆较多，而国内提供该服务的图书馆较少，而第二种移动阅读服务，是比较受用户欢迎的移动阅读方式，也是比较便捷的服务方式，随着移动设备的发展和进步，用户利用自有移动设备进行移动馆藏阅读必将成为移动图书馆的重要服务内容。

自从 Amazon 推出 eBook reader（电子书阅读器）后，国外很多图书馆开始提供电子书阅读器的出借服务。国外的市场上最流行的三种电子书阅读器分别为 Amazon Kindle、Barnes & Noble Nook 和 Sony Reader，这三种设备的共同之处在于：它们都使用 E-ink 技术，都具有调整文本大小的能力，都具有相似的存储能力和电池寿命，并且尺寸和重量也大致相同。国外一些图书馆的移动馆藏阅读服务，主要是与电子阅读器生产厂商合作，如美国的北卡罗来纳州立大学图书馆、内布拉斯加大学图书馆等与 Amazon Kindle 合作，OCLC 则与 Sony Reader 合作，而纽约公共图书馆、休斯敦大学图书馆以及杜克大学图书馆等与 iTouches/iPods 合作。此外，美国一些图书馆还提供电子书下载服务。例如，弗吉尼亚大学图书馆现有 2100 多种电子书全文，可供校内外用户下载和阅读，这类资源在电脑或移动设备上均可使用，电子书类型包括英美小说、儿童文学、美国历史、拉美文学及部分宗教经典。美国已有 8000 多家图书馆与数字媒体公司合作，购买有声书、电子书、视频和音频文件，这些图书馆的读者都可以把内容丰富的多媒体资源传送到移动设备上以供利用。

移动互联网使人们的生活步入了碎片化阅读时代，人们可以利用移动设备随时随地获取图书馆的移动馆藏资源，享受移动阅读服务所带来的便捷。如今，移动馆藏阅读服务极大地方便了用户，它不仅是移动图书馆的重要服务内容，也是一种全新的移动服务模式。

第三节　移动参考咨询服务

移动参考咨询服务（mobile reference service）是伴随移动服务的发展而产生的，是移动图书馆的主要服务内容之一。目前，对于移动参考咨询的概念，图书馆界还没有统一的定义。扈志民认为，移动参考咨询是用户和咨询馆员一方或双方利用移动设备进行问题咨询和解答，并通过相应的平台向用户推送信息内容的一种参考咨询服务方式。换言之，移动参考咨询服务是将传统的参考咨询和数字参考咨询的服务内容嫁接在移动平台上，其服务更具快速性和便捷性。移动参考咨询具有以下特点：一是服务手段具有灵活便利性，移动用户在进行移动参考咨询服务时，不受时间和地域的限制，可以灵活地调整或更新网络配置，随时接入移动互联网进行参考咨询；二是服务信息源具有多样性，移动参考资源既有图书、期刊、报纸等传统的纸质文献资源，还包括各种音频和视频资源，更有专业的数据库资源和网络信息资源，用户可以自由地选择文本、图片及多媒体等信息；三是服务环境具有开放性，主要体现在移动服务终端的多选择性，用户可以根据自身情况随意选择使用的服务终端和地点；四是服务成本具有经济性，主要体现在节约安装成本和人工维护成本，移动终端只须用户支付终端购买费用，无须安装任何物理线路，同时也节省了维护成本。随着移动图书馆服务的不断发展，移动参考咨询服务已经成为移动图书馆服务的重要内容。

除了传统的 FAQ（frequently asked questions，常见问题解答）咨询内容，移动图书馆产生了很多新的参考咨询方式，主要可以分为两大类：一类是基于馆藏资源使用指南的音频和视频服务；另一类是基于移动设备的参考咨询服务。第一类参考咨询服务，对那些不熟悉图书馆服务情况和无法参加馆藏资源培训的用户十分有用，图书馆提供相关的音频和视频资源，用户可以利用移动设备随时下载资源，这给用户带来了极大的方便。国外许多图书馆都为用户提供音频和视频指南服务，包括图书馆的参观导览指南、规章制度指南、资源使用指南和咨询服务指南等。例如，杜克大学图书馆（Duke University Libraries）为用户提供 Bostock 图书馆的语音导览服务，介绍图书馆大楼布局、开馆时间和规章制度等；华盛顿州立大学图书馆（Washington State University Libraries）提供了帮助用户使用图书馆资源的音频资料，用户能通过 iPad 和其他移动设备进行查看，图书馆还为用户提供了 3 分钟的馆藏地图指南和 2 分钟的检索使用指南；俄亥俄大学奥尔顿图书馆（Alden Library at Ohio University）为用户建立一系列简短的音频文档，包括校园须知、预定研讨室、参考咨询和图书馆培训等；还有一些图书馆利用 iTunes U. 为用户提供服务，例如亚利桑那州立大学（Arizona State University）在 iTunes U. 上提供下载海登图书馆（Hayden Library）的旅游导览服务，使图书馆的参观者能够方便地获取图书馆的游览指南，此外，约翰霍普金斯大学谢里丹图书馆（Sheridan Libraries at Johns Hopkins University）为用户提供相关播客服务（podcasting service），指导用户如何进行检索和参考咨询。近些年，播客服务是国外移动图书馆服务的流行趋势之一，它通过一种易于访问的格式提供点播服务，使远程教育和海外学习的人员受益。基于馆藏资源使用指南的音频和视频服务，是一种新型的移动参考咨询服务，为图书馆用户提供了极大的便利。

基于移动设备的参考咨询服务，包括短信参考咨询、移动客户端参考咨询和移动电话参考咨询等。其中，短信参考咨询是一种主要的移动参考咨询服务。如果用户的问题可以用简洁的语言回答，那么可以考虑使用短信参考咨询服务，短信参考咨询是指用户以短信的方式发送咨询问题，并以同样的方式接收回复的服务。如果大部分用户的咨询都可以用简短的文字回复，那么这种咨询服务就十分便捷。例如康奈尔大学图书馆（Cornell University Library）使用的短信参考工具是由 Mosio 公司开发的 Text a Librarian，其服务是基于网页界面，无须安装和管理，具有保护隐私、自动生成统计报告、馆员合作咨询、兼容 E-mail 等特性；该工具还可以让图书馆员方便地查询 Web 2.0 的相关信息，从而完善和更新给用户的答案，包括虚拟参考咨询、社区网络检索和高级网络检索三个功能。美国的奥兰治县图书馆（Orange County Library）建立了一个短信参考咨询系统，用户通过短信方式向参考咨询馆员提交问题，或者利用系统的特殊关键词直接获取相关的结果，比如通过邮编查找最近的公共分馆等；美国部分大学图书馆还利用 AOL（American On Line，美国在线公司）的即时消息系统发送短信来进行参考咨询；还有些图书馆利用 Altarama 信息系统的短信功能提供短信咨询服务。除短信参考咨询，还有移动客户端参考咨询和电话参考咨询服务，美国宾夕法尼亚大学图书馆（University of Pennsylvania Library）、波尔州立大学图书馆（Ball State University Library）允许用户安装 AIM、Google 和 Yahoo 的即时交流软件进行移动参考咨询；而美国国会图书馆（Library of Congress）等机构还提供了一种名为 Cell 的免费电话咨询服务，用户可以了解图书馆指南，或者选择感兴趣的内容进行倾听。基于移动设备的参考咨询服务，也是移动图书馆服务的重要组成部分。

移动参考咨询服务，在国外的移动图书馆服务中占据了十分重要的地位。

第四节　移动二维码的服务

移动二维码作为一种全新的信息存储、传递和识别技术，已经在美国、德国、日本、韩国等众多国家应用于各个领域，特别是在日本和韩国，二维码被广泛应用于人们的日常生活中，如食品包装袋、报纸杂志、宣传单和建筑等标志上。目前，二维码技术已经应用于图书馆领域，为用户提供了更为便捷的移动图书馆服务。

QR 码（quick response codes）是一种二维码，最早由日本的 Denscr Wave 公司发明，如今它在移动图书馆服务中发挥了重要的作用。QR 码比普通条码能存储更多的信息，主要以点矩阵和二维条码的形式来存储字母、汉字、数字、图像、URL 和指纹等多种信息，并且能对文字、URL 地址和其他数据进行加密。QR 码通过 CCD（charge coupled device，电荷离合器件）设备进行探测解码，实现360° 高速识读，用户只须用30万像素以上的手机，搭配解码软件，即可自动识别出其中的信息，并且无须对准图像，以任何角度扫描数据均可被正确读取；用户通过手机扫描二维码可实现快速上网，省去了输入 URL 的繁琐过程；用户还可以使用手机扫描 QR 码获取信息、实现地图查询定位等功能。与其他二维码相比，QR 码具有识读速度快、数据密度大、占用空间小的优势。QR 码呈正方形，为黑白两色，在三个角上印有"回"字形的正方形图案，这三个图案能帮助解码软件定位，此外还包括资料存储区和组成单元，如图 5-1 所示：

图 5-1　移动 QR 码的图形构成

QR 码具有小巧性、存储信息多样性，以及解码快速方便等特点，能够很好地为移动图书馆提供一些人性化的服务。例如，英国巴斯大学图书馆（University of Bath Library）将馆藏资源的题目、作者、索书号、所在楼层和书架号等信息，做成 QR 码显示在移动检索目录中，用户只须在移动设备上安装 QR 码软件，通过移动设备显示的馆藏地图便可定位到资源的具体位置；美国佛罗里达州立大学法律图书馆（Florida State's Law Library）使用 QR 码帮助用户在书架中找到电子印刷资源，并且 QR 码还可以通过手机刷卡的方式将图书馆员联系信息提供给用户，英国格洛斯特郡大学图书馆（University of Gloucestershire Library in the United Kingdom）将 QR 码配置在所有图书的自动流通号码里，使得图书的更新过程更为容易。美国杜克大学图书馆（Duke University Libraries）为用户提供语音导览服务，用户只要用手机扫描一下所需语言的二维码，即可将参观音频下载到手机上。如今，国外很多图书馆都采用了移动二维码服务，我国一些图书馆也利用二维码为用户提供服务，如华东师范大学图书馆、金陵图书馆、香港理工大学图书馆可以通过 QR 码快速登录移动图书馆网站。为了对图书馆的移动二维码服务有个清晰的认识，现将二维码（主要是 QR 码）在移动图书馆中的主要服务总结如下：

第一，快速登录移动图书馆网站。通过手机识别图书馆的 QR 码，可快速登录移动图书馆的网站，并可以进行图书预约、续借、查询等实时信息的交流。在日本，绝大多数的图书馆都设有专供移动用户登录的网站，页面上有二维码标志，用户通过手机扫描二维码即可登录图书馆网站，而无须输入 URL 地址，这为移动图书馆用户的登录提供了方便。

第二，快速了解各种文献的信息。通过手机识别文献底部的 QR 码标志，可以快速地了解文献的相关信息，如题目、作者、索书号和图书摘要等内容；通过印刷型文献中的 QR 码，可以指引读者找到其电子文献或者该文献的补充资料；通过视听文献所在书架的 QR 码，可以指引读者了解相关的视频、音频资源以及各种讲座。此外，用户通过馆藏目录查询图书时，利用显示的 QR 码可获取图书的分类号和排架等信息，并存储于用户的手机上，方便用户在馆内快速准确地找到该书。

第三，其他相关的服务。如用户通过手机扫描图书馆入口的二维码读码器，可以对个人信息进行身份识别。同样，用户可以通过扫描 QR 码来查询个人的借阅信息，省去了手动输入的繁琐。用户还可以通过自助借阅机扫描 QR 码，实现自助借阅和归还图书等服务。

如今，移动二维码服务在图书馆中发挥了重要的作用，为用户使用图书馆提供了很多的便利。亚历山大出版社的首席执行官斯蒂芬·莱因德－塔特（Stephen Rhind-Tutt）认为："QR 码也是推动图书馆的一个很好的工具，它能提供方便的途径让用户直接获取他们想要的内容。"随着移动技术的进步，二维码和图书馆的结合将为移动图书馆开启一个新的篇章。

第五节　其他移动服务内容

还有一些移动图书馆服务内容比较有特色，比如，利用移动图书馆来预定研讨室、进行可用计算机查询、图书馆导航定位、移动图书馆流通服务，以及移动社交网络等服务，具体如下：

一、预定研讨室服务

从国外移动图书馆服务的调研情况得知，国外不少图书馆都可利用移动设备预定图书馆的研讨室或学习室，其中以美国和加拿大的图书馆居多。例如，美国的弗吉尼亚联邦大学图书馆、杨百翰大学图书馆、加利福尼亚州立大学蒙特利湾分校图书馆、北卡莱罗纳大学教堂山分校图书馆、密苏里大学哥伦比亚分校图书馆，以及波士顿大学帕帕斯法律图书馆；加拿大的瑞尔森大学图书馆、莱斯布里奇大学图书馆等。其中，美国弗吉尼亚联邦大学图书馆的研讨室（study rooms）预定服务做得比较人性化，其设计清晰方便、图文并茂，充分考虑到了用户的体验和感受，值得学习和借鉴。移动图书馆的预定研讨室服务，使用户可通过手机等设备随时查看剩余研讨室的数量并进行预定，给用户带来了很多的方便。

二、可用计算机查询服务

利用移动图书馆，用户可以实时查询图书馆的可用计算机数量，以决定要不要去图书馆查询资料和学习，这项服务对于大学图书馆的用户来说非常实用。目前，国外一些图书馆纷纷开展了此项服务，如美国莱斯大学图书馆的 available computers 查询服务、美国的索诺马州立大学图书馆提供的 computer availability map 服务；同时，美国韦恩州立大学图书馆、加拿大麦吉尔大学图书馆、荷兰阿姆斯特丹大学图书馆等都开展了此项服务。

三、图书馆定位导航服务

对于在图书馆内查找图书的用户而言，迷失在书架中找不到需要的图书是常有的事情，通常用户会去服务台咨询，但得到的帮助往往不够直接，这时利用移动设备就可以轻松地进行馆藏定位导航，帮助用户找到需要的图书。例如，芬兰奥卢大学图书馆利用移动应用程序，将移动 OPAC 系统和馆内地图整合到一起，让用户能够看到检索图书所在书架的大致位置，并通过移动设备导航帮助用户找到所需的图书；弗吉尼亚理工大学图书馆的移动应用程序，能够让用户在运动中实时看到与检索资料的位移变化信息；伊利诺伊大学图书馆提供一种基于 Wi-Fi 指纹技术开发的程序，能让用户查看图书在馆中的实时位置。移动图书馆提供的定位导航服务，为用户查找文献提供了极大的便利，这也是未来移动图书馆服务的一种趋势。

四、移动图书馆流通服务

不是所有的移动图书馆服务都能与用户进行直接的互动，但有些移动图书馆服务可以在幕后为用户提供更好的服务，图书馆员也可以借助现代移动设备为用户提供流通服务。例如，SirsiDynix 公司开发了一种手持流通工具（称作 PocketCirc），图书馆员只须通过 PDA 设备就可以访问 Unicorn 图书管理系统（unicorn library management system），这种无线的解决方案为图书馆员在社区或校园等非办公区域内帮助用户查找资料、升级书目信息等活动提供了极大的便利。移动图书馆的流通服务（mobile library circulation services）也为广大图书馆员提供了便利，不仅提高了图书馆的服务效率，而且促进了图书馆服务的发展。

五、移动社交网络等服务

移动社交网络服务受到了广大用户的欢迎，国内外的图书馆也积极引入了相关服务。据调查，国外不少移动图书馆网站都设置了 Facebook、Twitter 和

Flickr等社交网络的链接，如美国伊诺克普拉特免费图书馆、美国宾厄姆顿大学图书馆、美国迈阿密大学图书馆、西班牙巴伦西亚政治大学图书馆，以及加拿大麦吉尔大学图书馆等。国内的书生移动图书馆开通了学术微博服务，用户可通过学术微博相互交流信息，分享批注与文献资源，用户也可以对想关注的对象添加关注，对其他信息进行评论和转发等。此外，书生移动图书馆还提供云笔记服务，用户可以使用云笔记画笔或者涂抹工具进行书写或涂鸦。总之，移动图书馆社交网络服务是基于文献资源及移动用户关系分享和传播的平台，也是未来移动图书馆服务的发展方向。

第六章　高校图书馆移动阅读服务

第一节　高校图书馆移动阅读服务概述

一、高校图书馆移动阅读服务及其内容

（一）高校图书馆移动阅读服务的内涵

随着社会的发展与进步，阅读服务作为高校图书馆的基本服务之一，正吸引着越来越多关注的目光。联合国教科文组织向全世界发出了"走向阅读社会"的号召，旨在呼吁人们把阅读当作生活中不可或缺的一部分。而在随后的第二十八次联合国教科文组织大会上，更是通过了将每年的 4 月 23 日定为"世界读书日"的决议。

将"阅读"与"服务"放在高校图书馆这一特定的环境中来理解，阅读服务即为图书馆为读者在本馆内产生的一切阅读行为所提供的、与读者的阅读行为有关的有形或无形的活动。高校图书馆作为阅读服务的提供者，是广义的阅读服务的主体；具体来说，阅读服务的主体是高校图书馆机构内部所有参与阅读服务的部门、人员与设备所形成的有机整体。而高校图书馆的各类型读者作为阅读服务的接受者，是阅读服务的客体。

关于图书馆移动阅读服务的概念，目前学术界还没有形成统一的说法，学者茆意宏则将移动信息服务的概念与图书馆服务结合起来，归纳出了"图书馆移动信息服务"的概念。他认为"图书馆移动信息服务是图书馆服务与移动信息服务相结合的产物，是面向移动环境下的图书馆用户通过移动 / 无线信息网络与手持移动信息终端向用户提供的图书馆信息服务，又可以简称为图书馆移

动服务"。

虽然有些学者称之为"移动图书馆",有些学者称之为"图书馆移动信息服务"或"图书馆移动服务",还有部分学者结合当下手机作为图书馆移动阅读服务主流平台的现状而将依托手机的图书馆移动阅读服务称之为"手机图书馆",还有更形象生动的"掌上图书馆""随身图书馆"等,虽然表达不同,但对以"图书馆""移动""服务"为核心的服务形态的研究是大体一致的。

总结各位学者关于图书馆移动阅读服务的概念界定,现将图书馆移动阅读服务的内涵总结为以下三点:

（1）图书馆移动阅读服务的主体是图书馆,图书馆移动阅读用户是服务的客体,与图书馆移动阅读的内容、服务模式等组成了图书馆移动阅读服务的要素。

（2）图书馆移动阅读服务的实现以无线网络、多媒体技术等为技术依托,同时要有接收阅读信息的设备,以保证图书馆用户的移动阅读需求,并会随着移动技术的更新而发展。

（3）图书馆移动阅读服务是图书馆服务的重要组成部分,图书馆移动阅读服务连同图书馆其他服务共同繁荣发展图书馆建设。

（二）高校图书馆移动阅读服务的内容

1. 馆藏数字信息资源

馆藏数字信息资源作为高校图书馆移动阅读服务的基本组成部分也是重要的服务内容,主要包括:可供移动环境下适用于阅读终端的电子图书、期刊、报纸等;多媒体资料如图片、音频、视频等;电子文献、期刊数据库,常用的如 CNKI 中国学术文献总库、人大复印报刊资料全文库、万方数据库、爱迪克森网上报告厅、国研网、EBSCO 数据库等;各类讲座、学术报告、专题会议的资料、视频资源等;高校特色化的数字馆藏资料,如本校硕博士学位论文库、古籍文献、根据课程设置开设的读书工程资料、外文文献等。

高校图书馆馆藏数字信息资源是高校图书馆依托数字图书馆系统进行移动阅读服务的主要内容,也是用户在移动阅读行为中最普遍的选择。多数学者认为馆藏数字信息资源是将传统阅读资料在进行数字化加工、处理后"平移"给移动阅读用户,是对图书馆服务的扩展与延伸。高校图书馆用户可选择通过移动阅读终端在线阅读或下载到阅读终端中进行阅读,也有部分高校图书馆实现了根据不同读者的需要，将读者所需的馆藏数字信息资源发送到读者的电子邮箱或其他接收地址。

2. 图书馆基础服务及相关活动通知

图书馆基础服务内容及相关活动通知也是高校图书馆移动阅读服务的内容之一，高校图书馆通过移动网络技术发布以图书馆服务信息以及活动通知等为主的移动阅读内容，包括：图书馆概况，如馆情简介、机构设置、馆藏布局等；服务通知，如读者通知、咨询解答、开馆通知、基本借阅服务、馆际互借服务、新生培训导航、新书通报等；网络导航，如学科网络资源导航、国内外图书馆导航、优秀站点推荐等；常用学术网站链接指引；图书馆举办学术讲座通知、专题会议通知、读者活动通知等。

以上这些内容是图书馆服务的基础内容，在全媒体、移动互联网的时代，高校图书馆更是应顺应网络发展趋势，将图书馆服务的基本内容通过移动网络与移动设备来实现发布，向读者以信息阅读的形式提供移动阅读服务。目前，绝大多数高校图书馆都能实现图书馆服务及活动通知发布网络化，部分高校能够通过短消息、微信推送等形式实现服务通知。

3. 用户借阅信息的通知与传达

作为高校图书馆移动阅读服务的又一项服务内容，用户借阅信息的通知与传达在图书馆与用户之间扮演着举足轻重的角色。在用户借阅信息的通知与推送过程中，以高校图书馆为主体，对用户借阅信息的发布方式可划分为主动通知和被动推送两种。主动通知是高校图书馆及时向用户发送借阅信息，主动通知的内容包括新书公告、到期提醒、逾期通知、预约文献到馆通知等，是图书馆主动发送给用户以实现图书馆移动阅读服务。被动推送是用户向图书馆进行查询、预约等行为后，图书馆通过整理、协调、安排，向用户以回复的方式进行图书馆移动阅读服务。被动推送的内容包括书目查询结果、续借允准、预约图书回复、读者的参考咨询回复等。值得一提的是，以黑龙江大学为例，为维护学生进馆自习的秩序，规范图书馆自习区域的管理，黑龙江大学图书馆实行了图书馆自习区座位预约服务，而将预约结果发送给学生也是图书馆移动阅读服务内容。

4. 图书馆3.0服务

在经历了以 Web 1.0、Web 2.0 为技术依托的图书馆 1.0、图书馆 2.0 时代，随着网络技术的不断发展完善，图书馆移动阅读服务迎来了以 Web 3.0 技术为支持的图书馆 3.0 时代。如果说"用户参与的图书馆 2.0 信息资源建设包括 RSS 内容聚合、博客日志及评论、Wiki 条目编写、Tag/Folksonomy 分类和网上书评等资源等"，那么图书馆 2.0 环境下，侧重的则是用户的参与及互动。基于 Web 2.0 技术的图书馆 2.0 服务还没有在真正意义上完全覆盖所有的图书馆，但基于 Web 3.0 技术的图书馆 3.0 理念已经开始进入我们的生活，而"Web 3.0 的个性化信息聚合技术更能实现知识共享的个性化和精准化"。举个例子，如果想通过图书馆咨询出国留学相关问题，希望学费在每年五万元左右，学校认可度高，学校所在地气候与国内相似，都有哪些院校可供选择呢？在图书馆 2.0 服务环境下，用户需要根据条件逐条搜索，再将相关搜索结果进行整理、对比进而得出选择范围。而在图书馆 3.0 服务理念下，则可以在数据库中根据用户提出的条件自动查找、配置，锁定目标后直接呈现给用户。也就是说，"图书馆 3.0 服务会使书目情报服务更加计算机智能化"。

本段之所以将要阐述的高校图书馆移动阅读服务内容归纳到图书馆 3.0 理念下，是因为微信公众平台以及手机 App 的日趋成熟，以此为服务模式提供的图书馆移动阅读服务内容正是朝着图书馆 3.0 服务迈进坚实的脚步，虽然图书馆 2.0 服务现阶段还未完全实现，但图书馆 3.0 已经成为现阶段高校图书馆移动阅读服务探索的新目标。

在图书馆 3.0 理念下，高校图书馆通过微博、微信公众平台、手机 App 软件以及 Web 浏览器发布的服务内容都是图书馆移动阅读服务的内容，而且以推送的形式发送给用户，使高校师生在刷微博、看微信的过程中接收图书馆发送的内容，接受图书馆的移动阅读服务。

（三）高校图书馆阅读服务的特点

1. 针对性

与公共图书馆相比，高校图书馆读者的身份、职业相对单一，主要是教师、学生、科研人员及其他相关人员。从阅读的动机和阅读的目的这两个层面来划分，高校图书馆的读者多为科研探索型读者和学习求知型读者，其中科研探索型读者以承担教学和科研任务的高校教师为主，而学习求知型读者则大多为高等学校的在校生。高校图书馆提供的阅读服务往往针对这两大类读者的阅读需求而开展，例如，高校内承担科研任务的教师对于外文期刊和数字资源等更新速度较快的学术信息资源的需求较为强烈，高校图书馆针对这类型读者的阅读需求，在外文期刊的采购以及数字资源的整合等方面有针对性地开展工作，以满足读者的阅读需求。

2. 灵活性

随着科技的进步，文献阅读的载体正在不断地发展变化，阅读的方式不再局限于对纸质文献的阅读，电子阅读器、平板电脑、智能手机等移动终端都相继成为文献阅读的载体，读者通过这些移动终端可以访问图书馆内海量的数字信息资源。高校图书馆的阅读服务也不再只有以往单一的"阵地式"服务，移动阅读服务应运而生，越来越多的高校图书馆选择与电子书出版商合作，开发本馆的移动阅读数字资源平台。通过该平台读者的阅读行为可以不受时间地点的限制，实现对馆藏资源进行实时更新与访问。

3. 无形性

无形性作为服务本身最基本的特性，同样也体现在高校图书馆的阅读服务上。阅读服务不同于实物产品，读者在接受图书馆所提供的阅读服务之前，无法通过形状、颜色、重量等标准来判断阅读服务，但读者在走进图书馆的那一刻起，就已经在接受图书馆提供的阅读服务了，而一般情况下，读者是很难感知阅读服务的存在的。

4. 异质性

异质性是指阅读服务的构成要素及其质量水平受多种因素的影响，经常波动变化，很难统一界定。阅读服务的异质性是由阅读服务人员与读者两方面因素决定的。一方面，由于阅读服务人员能力、态度、专业程度的不同，其所提供的服务是不同质的，即使是同一个服务人员，由于人作为自然人，受心理状态和生理状态的影响，也很难提供始终如一的阅读服务；另一方面，由于读者的年龄、阅历、知识水平和兴趣爱好的构成千差万别，即使在感受同样水平的阅读服务时，每个人反馈的服务质量也是有差异的。

（四）高校图书馆阅读服务的类型

1. 文献借阅服务

文献借阅服务是图书馆的最基本服务，它是以满足读者的阅读需要为目的，将馆内文献资源提供给读者的一种服务形式，其表现形式通常为外借和阅览。作为图书馆基本服务的文献借阅服务同时也是阅读服务中最为基础的一个服务类型，它是移动阅读服务和导读推广服务的基础和前提。作为高校图书馆实施阅读服务的前沿阵地，文献借阅服务在满足教师、科研人员和在校生的科研需求，促进馆员与读者间的信息沟通以及为读者提供良好的阅读体验等方面起着重要的作用。

2. 数字阅读服务

数字阅读服务指的是图书馆针对读者的数字阅读行为所提供的服务。关于数字阅读的概念，目前学界尚无明确的界定。有学者认为"所谓数字阅读，就是指以数字化形式获取或传递认知的过程，不论载体、不论场合、不论形式，可以是任何数字化终端（如网络浏览器、电子阅读器、电子纸或音视频设备），可以是任何格式（各种文本、图像、音视频），可以通过任何技术手段（脱机的、联网的），可以是交互的、跨越时空的社会性阅读，也可以是私密的个人阅读"。还有学者认为"数字阅读是指利用计算机或电子图书阅读器等设备，阅读包括文本在内的多媒体合成信息的超文本阅读行为，具有交互性和非线性两大特点"。此外，还有部分观点认为"数字阅读指的是阅读的数字化，主要有两层含义：一是阅读对象的数字化，也就是阅读的内容是以数字化的方式呈现的，如电子书、网络小说、电子地图、数码照片、博客、网页等；二是阅读方式的数字化，就是阅读的载体、终端不是平面的纸张，而是带屏幕显示的电子仪器，如台式电脑、PDA、MP3、MP4、笔记本电脑、手机、阅读器等"。

数字阅读服务由于其自身形态的特殊性，与文献借阅服务和导读推广服务相比，具有实时性的特点。随着数字化图书馆的迅速发展，图书馆与出版商合作将数字化的文献资源存储于馆内的移动阅读数字资源平台中，确保了数字资源的实时访问。因此，在未来的发展过程中，数字阅读服务会逐渐成为高校图书馆阅读服务中不可或缺的重要一环。数字阅读服务作为高校图书馆阅读服务的中坚力量，起到了承上启下的作用，为读者全天候的阅读需求提供了有力的保障。

3. 导读推广服务

导读推广服务是高校图书馆以培养和推动高校的读书气氛为目的，向读者宣传图书、引导阅读而开展的服务。其表现形式丰富多样，常见的形式有故事会、推荐书目、名家讲座、读者俱乐部、书展等。导读推广服务以其多样的形式和丰富的内容在阅读服务中起着辅助作用，导读推广服务的深入开展可以促使更多的图书馆潜在读者走进图书馆，从而间接地推动文献借阅服务和数字阅读服务的开展。

二、高校图书馆移动阅读服务的模式

作为图书馆移动阅读服务的又一重要组成要素，高校图书馆移动阅读服务的模式直接关系着用户体验的满意程度。对高校图书馆移动阅读服务模式的探究，不同学者有着不同的观点：从移动终端接入互联网络的技术方式考虑，"可以将高校图书馆移动阅读服务的模式分为基于 SMS 的实现模式、基于 WAP 的实现模式、基于 App 的实现模式、基于 I-Mode 的实现模式、基于 IDB 的实现模式、基于 J2ME 的实现模式"，南京农业大学的茆意宏老师则"根据图书馆移动信息服务的组成要素及相互关系，分为基本模式、即时服务模式、基于位置的服务和个性化服务等模式"。东北师范大学的刘译阳、蒋丽艳老师根据承载移动阅读信息的载体不同，"将高校图书馆移动信息服务模式分为图书馆移动信息服务客户端服务模式、图书馆移动信息服务 WAP 网站服务模式、图书馆移动信息服务短信服务模式"。

本文将高校图书馆移动阅读服务模式分为主动服务模式、被动服务模式以及交互式服务模式。

（一）主动服务模式

高校图书馆移动阅读主动服务模式是指，图书馆通过主动了解、掌握用户需求，主动发布、推送、提供服务内容，开展图书馆移动阅读服务。现阶段高校图书馆主动服务模式主要包括发送短信、将馆藏资源以及服务内容发布在公众信息平台、设置覆盖 Wi-Fi 的阅览室、提供电子书借阅机等。

1. 短信服务

北京理工大学图书馆率先通过短信提醒的方式通知学生借阅到期、新书提醒、借阅预约等，开启了高校图书馆移动阅读服务的短信服务模式。高校图书馆通过图书证或"一卡通"获取用户联系方式，并关联至图书馆服务系统中，以主动为用户发送短信的方式为用户提供书目到期提醒、预约到馆提醒、新书上架公告、开馆时间通知、数据库开放通知等服务。开通短信息服务的高校图书馆近百家，包括电子科技大学图书馆、浙江大学图书馆、香港教育学院图书馆、四川音乐学院图书馆等。

2. 发布公众信息平台

高校图书馆借助网页、公共信息门户、博客、微博、微信订阅号、手机App软件等方式，主动发布或推送图书馆服务公告、讲座等活动通知、图书馆文化动态信息、推荐书目或是可供阅读的电子文摘等内容，以供读者通过移动终端进行移动阅读。这种服务模式是目前高校图书馆广泛采用的主动服务模式，可操作性强，同时也方便用户随时随地查询、阅读。值得一提的是，复旦大学图书馆推出了"2014年度图书馆阅读对账单"，公众版以数据账单的形式，直观地呈现复旦大学图书馆2014年与阅读相关的数据；个人版为2014年度借阅量在五册及以上的读者私人订制阅读对账单，读者可通过图书馆数字服务端口输入学号、姓名进行查询，实现了图书馆数据的私人订制对比服务。

3. 设置覆盖Wi-Fi的阅览室

高校图书馆移动阅读服务要依托移动互联网技术得以实现，多数用户在进行移动阅读时，或将阅读内容下载到终端中进行阅读，或采取在线阅读的方式，都要耗费一定的流量。根据用户所处环境的变化情况，可将用户进行移动阅读的环境分为稳定阅读环境和移动阅读环境。移动阅读环境如旅途中、交通过程中等；稳定阅读环境如身处图书馆、教室、宿舍和食堂等。高校图书馆为读者设置覆盖Wi-Fi的阅览室，有的高校已能实现Wi-Fi覆盖整个图书馆，方便读者下载或进行在线阅读，这也是高校图书馆在稳定阅读环境下主动开展的图书馆移动阅读服务。

4. 电子书借阅机

2015年1月，武汉大学图书馆安装了两台超星电子书借阅机，读者们只需要在手机上安装超星移动图书馆客户端软件，扫描借阅机上图书的二维码，即可将电子书下载到手机里阅读。2014年12月，北京大学图书馆引入试用三家公司的四台数字图书借阅机，分布在图书馆的各个楼层，为师生提供电子书刊、报纸、视频资源等借阅服务。

电子书借阅机的试用开启了我国高校图书馆移动阅读服务的又一新篇章，极大地方便了用户，读者可在触屏上查找、浏览电子书，并通过智能手机下载App终端或扫描二维码实现电子书的借阅下载。此外，"方正中华数字书苑"数据平台也支持扫描二维码下载借阅电子书，每次最多可借100本书，借期为两个月。

5. 其他主动服务模式

上海复旦大学生体验到了复旦大学图书馆提供的平板电脑免费外借服务；南京大学"悦读经典计划"电子图书数据库开通，对读者提供阅读和下载功能。这些都是高校图书馆以主动服务的模式为用户开展的图书馆移动阅读服务。

（二）被动服务模式

被动服务模式是相对主动服务模式而言，以高校图书馆为研究主体，当接收到用户的移动阅读需求（如咨询、预约）时，通过信息处理、整合，进而为用户以回复的方式提供移动阅读服务的模式。高校图书馆移动阅读被动服务常见的形式有：回复用户的书目查询结果，对用户提出的图书续借进行结果回复，预约到馆图书通知，回复读者的参考咨询和图书馆自习区座位预定结果反馈等。

南京农业大学的茆意宏老师在对图书馆移动信息服务的研究中提出了"基于位置的图书馆移动信息服务"理念，"是图书馆根据用户在移动环境下所处的地理位置、依托移动信息服务系统、为用户经过所需的地理信息、与地理位置相关的其他信息服务"。如此看来，基于位置的图书馆移动阅读服务也是图书馆被动服务模式的一种实现方式，图书馆根据用户的位置定位及查询问题，提供相应的位置信息，或推荐用户与位置附近的用户进行联系、沟通。

（三）交互式服务模式

交互一词来源于计算机用语，指参与活动的对象，可以相互交流，双方面互动。高校图书馆移动阅读交互式服务模式的交互双方是高校图书馆与用户。在图书馆 3.0 服务理念下，用户通过图书馆提供的交互式服务模式参与图书馆建设，与图书馆互动的同时，促进高校图书馆移动阅读服务发展。

1. 微信公众号

高校图书馆建立微信公众号，以订阅推送的形式发布服务内容，包括图书馆服务信息、推荐阅读书目、学者介绍和短文精选等，同时，用户可根据公众平台的建设与自身阅读需要，查看最新消息、资源动态和读者培训等，还可以通过回复关键字或日期的形式查看历史消息。而且有些高校图书馆的微信公众号直接与图书馆门户网站对接，读者可通过微信直接进入高校图书馆系统进行书目查询等服务项目。微信公众号服务是最接近图书馆 3.0 服务理念的，服务过程在用户参与互动的基础上，更加强调技术智能。

2. 微博公众号

微博公众号的实现模式是基于图书馆 2.0 服务模式的，更多地强调用户的参与。高校图书馆通过微博公众号发布移动阅读服务信息，图书馆用户可根据微博内容进行评论或表示需求，微博的维护者可以通过回复评论或私信的方式与用户进行沟通交流，进而有针对性地进行图书馆移动阅读服务。

开通微博公众号的高校数量要比开通微信公众号的高校略多，整合新浪微博、腾讯微博数据，有近 500 所高校图书馆开通了微博公众号。综合粉丝数量与查询次数，清华大学图书馆、武汉大学图书馆、厦大图书馆、复旦大学图书馆、华东师范大学图书馆、同济大学图书馆、北京大学图书馆、广东外语外贸大学图书馆、南京大学图书馆、深圳大学图书馆位列前十。

3. 独立 App 服务

独立 App 服务模式与微信公众号服务模式相类似，也是基于图书馆 3.0 服务理念，发展目标是实现图书馆与用户的完美互动，展现更加智能化的高校图书馆移动阅读服务。微信公众号基于微信平台而存在，一个微信软件能支持无数所高校图书馆的公众号。与微信不同，部分高校图书馆还建设以自身为主的移动阅读 App，独立存在，进行图书馆移动阅读服务。

通过 iPhone 手机 App Store 以 "大学图书馆" 为关键词，搜索到近百个结果，包括南京中医药大学移动图书馆、超星浙江大学图书馆、沈阳师范大学移动图书馆、南京审计学院移动图书馆、东南大学移动图书馆、西安交通大学移动图书馆、南京大学移动图书馆、电子科技大学图书馆等。值得一提的是，一个名为 "移动图书馆" 的 App，是由北京 Sursen 公司于 2012 年开发，并不断优化的，至今合作机构已有包含复旦大学图书馆、杭州电子科技大学图书馆、宁波大学图书馆等在内的多所大学图书馆，包括掌上苏图、掌上常图等多所地方移动图书馆，包括浙江图书馆、合肥市图书馆、吴江区图书馆等多所省市县公共图书馆以及研究机构图书馆。用户需要选择机构进行注册，登录后通过检索可以阅读同方、万方、维普等期刊论文，各种外文数据全文，各厂商电子书，查看新闻、公开课、报纸信息，还提供借阅信息查询、续借、预约等功能，查看图书馆的最新公告、讲座预告及各项服务帮助和指南等。

三、高校图书馆移动阅读服务的意义

"图书馆肩负着从传递客观知识到传承文化的文化使命，图书馆服务亦是促进着人与文化的双重建构。"高校图书馆作为中国图书馆建设事业的练兵场，积极探索、开展以"人"为中心的图书馆移动阅读服务，有着重要的意义。

（一）推进图书馆个性化服务

高校图书馆积极探索移动阅读服务新模式，以适应用户不断发展的个性化阅读需要。高校图书馆在开展移动阅读服务的过程中，不断探索用户的移动阅读习惯、偏好和要求，并能够根据计算机智能记录和分析用户移动阅读数据库（包括常用搜索、关注图书、个人收藏等），最终形成契合用户需求的个性化移动阅读服务模式，推进图书馆个性化服务进程。

（二）促进阅读行为

阅读是人类文明得以传承和弘扬的阶梯，高校图书馆积极探索移动阅读服务，以服务促进行为。图书馆通过以微信推送、短信通知、电子书下载等方式，使用户在移动环境下接收信息，整合用户的零散时间，进而促成阅读行为。促进用户的阅读行为，形成阅读习惯，是高校图书馆移动阅读服务的目的。

（三）实现信息资源共享

高校图书馆整合数字信息资源，通过各种服务模式传送给读者用户，使用户不受时间与空间的限制，接收并阅读文献、图片、音频、视频等信息内容。图书馆充当了整合、发布、分享信息资源的角色，因此，高校图书馆在提供移动阅读服务的同时也实现了信息资源共享，肩负图书馆的文化使命，推动图书馆事业蓬勃发展，促进人类文化大融合。

四、高校图书馆移动阅读服务终端

图书馆移动阅读服务得以实现，离不开移动阅读终端的助力，移动终端依托移动信息技术接收信息服务。常见的移动阅读终端主要有手机、电子书阅读器、平板电脑、PDA、PSVita、MP4 等。

（一）手机

手机是目前移动阅读最广泛使用的移动终端，凭借几乎人手一部手机的巨大优势，依托短信服务、手机软件 App、内置浏览器技术接收和获取移动阅读

服务。作为移动阅读终端，手机具有很多优点，如：保有率最高、使用率最高；具有接收图书馆短信服务的功能；通过下载手机软件如微信、微博、大学移动图书馆 App 等进行移动阅读；在无法连接 Wi-Fi 的情况下可以使用手机移动数据流量进行下载或在线阅读等。当然手机的功能主要是通信工具，移动阅读作为辅助功能也存在着一定的服务限制，如屏幕较小、不适合阅读；无免费网络状态下，移动流量资费较高，尤其在 4G 网络环境下，若观看视频，产生的流量费用是相当高的。

（二）电子书阅读器

电子书阅读器是各大移动技术公司为适应移动阅读的需要而生产并投放市场的、专门供下载并阅读电子文献的工具，也是目前比较常见的移动阅读终端。亚马逊公司已推出了第五代 Kindle Fire 阅读器、Kindle Paperwhite 阅读器和 Kindle Voyage 阅读器，此外，还有 BOOX 电子书阅读器、博阅电子书阅读器、汉王电纸书、Iriver Story 电纸书阅读器、盛大电子书阅读器等纷纷投放市场，但抢占市场份额最多的始终是亚马逊 Kindle 阅读器。

电子书阅读器的优点是阅读功能强大，适合用户阅读的各种模式相对齐全，屏幕适中、轻便易携带、存储容量大，可做阅读字体调整、阅读标注等，用户体验最接近传统纸质版图书。以 Kindle Paperwhite 阅读器为例，6 英寸屏幕，非反光电子墨水触控显示屏光照均匀，能够有效保护眼睛，适合长时间阅读；可以快速浏览全书，也可随时翻到某页或者章节，同时保存当前浏览进度；有粘贴本与生词本两大功能，能够将阅读时所做标注与生词保存，以便随时查看；机器内置 Wi-Fi，可与亚马逊商城直接关联，无线下载，且存储量巨大。但缺点是功能较为单一，只能用作阅读使用，且购置费用较高，导致仅有移动阅读需求的用户才会购买，保有量并不能实现如手机一样人手一台的美好愿景。

（三）其他移动阅读终端

平板电脑，小型便携式个人电脑，如苹果公司的 iPad 或 iPad mini、三星公司的平板电脑，联想、华为等公司也有平板电脑生产。可以触屏手写输入，支持浏览网页、下载并使用 App、阅读电子读物、播放视频音频文件等功能，是一台小型的电脑，同时也类似大型的手机。

PDA、Personal Digital Assistant、掌上电脑，是辅助个人工作的数字工具，主要提供记事、通信录、名片交换、行程安排等功能，可以进行移动办公、学习、阅读、记事等。

PlayStation VITA，简称 PSVita，是日本 SONY 公司发布的 PSP（已停产）基础上的新一代掌机。将游戏体验与社交互动相结合，还可以使用 4G、Wi-Fi 上网、视频、看电影、拍照、应用软件、GPS 定位导航等。其功能几乎可以媲美平板电脑，但比平板电脑更轻巧、便携。但是，游戏体验是 PSVita 的主要功能，移动阅读是辅助功能。

MP4，是一种使用 MPEG-4 的多媒体电脑档案格式，以储存数码音讯、视讯为主，又可以理解为 MP4 播放器，是一种集音频、视频、图片浏览、电子书、收音机等于一体的多功能播放器，也是一种常见的移动阅读终端。

五、高校图书馆阅读服务评价

（一）高校图书馆阅读服务评价的必要性及可行性

1. 必要性

人们对于阅读的关注度持续上升，世界各国图书馆都开展形式多样的阅读推广活动，如美国的"一城一书""夏日读书会"活动、英国的"家庭阅读计划"、日本的"读书起跑线"活动等。我国更是在中国共产党第十八次全国代表大会上正式提出"开展全民阅读活动"，高校内的阅读推广活动也开展得如火如荼。可这些活动开展的效果如何，是否真正起到促进阅读的作用，却由于缺乏一套科学全面的评价体系而变得无从考量。

阅读服务作为图书馆众多服务的基础，其重要性可见一斑。西方图书馆学界关于图书馆学评价问题的研究始于 20 世纪 70 年代，时至今日，提出了许多有价值的理论，其中有关于图书馆整体服务质量的评价体系，如 SERVQUAL、LIBQUAL、DigiQUAL 等；也有关于图书馆部分要素的服务评价体系，如立足于馆员服务质量评价体系 ClimateQUAL、关于电子资源的 MINES、E-Metrics、COUNTER 等评价体系，却鲜见关于阅读服务的评价研究。而国内关于图书馆服务评价的研究始于 20 世纪 90 年代，除了借鉴西方的研究成果，也并未对阅读服务加以过多关注。纵观中西方学界有关图书馆评价的研究成果，关于阅读服务评价的研究少之又少，往往零星分布于对图书馆的整体评价之中，无论是公共图书馆还是高校图书馆，都始终没有形成一套针对阅读服务的评价体系。

人们对于阅读重要性认识的不断加深与阅读服务评价指标的缺失的矛盾，使得建立高校图书馆阅读服务评价指标体系显得尤为必要。

2. 可行性

在经济学中，无论是物质生产部门还是非物质生产部门，都要遵循投入与产出这一普遍原则。作为高等学校信息资源中心的高校图书馆，其所提供的阅读服务也可看作一种生产行为。当高校图书馆通过各种方法加强在阅读服务上所需的各种因素的支持时，都可看作对阅读服务的投入；而由于阅读服务的产出并不像产品那样具体可感，它必须通过读者体验后所产生的服务效益呈现出来，并且这个服务效益很难被立即察觉，一般需要经过三个发展阶段："一是满足读者利用图书馆，由读者实际体会图书馆的作用，即把图书馆价值转入读者群中；二是读者创造价值阶段，即通过利用图书馆的文献信息并升华，转化为生产力（这一过程包括图书馆人员的劳动价值）；三是图书馆社会价值的回归，即把读者利用图书馆的价值部分地回归图书馆，包括读者对图书馆意识的提高，对图书馆社会价值的认同，对图书馆事业发展的贡献等。"

芬兰著名服务市场营销学家克里斯蒂·格鲁诺斯（Christian Gronroos）从管理的角度出发，在综合了众多学者的研究基础上提出了"优良可感知服务质量的6个标准"：规范化和技能化；态度和行为；可亲近性和灵活性；可靠性和忠诚感；自我修复；名誉和可信性。这6个标准虽然言简意赅，却全面地概括了服务所涉及的各方面因素。随后我国图书馆学者初景利首次将格鲁诺斯的理论引入图书馆服务质量的测定中，并指出其对于图书馆的意义：①规范化和技能化：图书馆员具有专业知识和技能，业务规范，能够满足用户的需求；②态度和行为：用户感到图书馆员用友好的方式主动照顾他们，并以实际行动为用户排忧解难；③可亲近性和灵活性：用户认为图书馆的地理位置、开馆时间合理，服务布局适应用户的特点，并能灵活地根据用户的要求随时加以调查；④可靠性和忠诚感：用户确信他们可以依赖图书馆和图书馆员得到所期望的服务，图书馆员能够信守承诺，尽心尽力满足用户的要求；⑤自我修复：用户知道图书馆将能够对出现的问题迅速地采取补救措施，纠正自身的失误；⑥名誉和可信性：用户相信，图书馆提供的服务可以信赖，图书馆珍视名誉，会把用户的利益与图书馆的荣辱结合起来。

在对我国高校图书馆阅读服务评价指标进行设计时，可根据格鲁诺斯提出的这六个标准，结合我国高校图书馆的实际情况，制订出一套科学严谨的阅读服务评价指标体系。

（二）高校图书馆阅读服务评价的影响因素

1. 阅读服务资源与环境

阅读服务资源与环境是高校图书馆开展阅读服务的前提和条件，也是高校图书馆开展其他业务的基础和载体。该因素包含两个方面的内容：一是阅读服务资源，二是阅读服务环境。

阅读服务资源是指高校图书馆内的纸质信息资源与数字信息资源的总和。高校图书馆不同于公共图书馆，其服务的对象对于信息资源的需求量大且学科种类范围广，特别是在数字信息资源的建设方面，资源的专业性、实时性以及多样性能否满足读者的阅读需求都影响着阅读体验。

阅读服务环境既包括高校图书馆内的阅读设施，也包括馆内的建筑格局、装修风格、光线明暗、通风情况等所营造出来的阅读氛围。阅读设施的人性化与阅读氛围的舒适度可以带给读者良好的阅读体验，开馆时间是否充裕、图书排架是否规范、网站界面是否简洁、阅览座位是否符合人体工学设计、阅读空间的装修风格设计是否能够激发读者的阅读兴趣等细节问题都需要引起图书馆管理人员的重视。

2. 阅读服务人员

阅读服务人员是开展阅读服务评价的关键因素，是连接高校图书馆与读者的桥梁，也是读者与高校图书馆沟通的纽带。

阅读服务人员是否专业，在一定程度上反映了图书馆的阅读服务水准，而阅读服务人员的专业性由阅读服务人员的学历水平与知识储备两方面构成。具备图书馆学相关专业学历是一名专业的阅读服务人员的必要条件，在阅读服务的工作中，具有专业知识背景的阅读服务人员可以调动所掌握的专业知识，满足读者的阅读需求，提供优质的服务。阅读服务人员丰富的知识储备则是作为阅读服务人员的充分条件，丰富的知识储备不仅来自书本所学，更大程度上依赖于从长期的图书馆工作中积累起来的实践经验。

阅读服务人员的态度好坏也是阅读服务工作中十分重要的一个环节。阅读服务人员以亲切友好的态度接待每一位读者，对读者的提问耐心解答，可以增强读者对图书馆阅读服务的依赖性。

3. 阅读服务推广

阅读服务推广指的是高校图书馆为激发读者的阅读兴趣，促进校园阅读精神的形成，以一系列主题丰富的阅读推广活动为中心而开展的推广活动。

阅读服务推广作为高校图书馆阅读服务最重要的表现形式，是读者了解图书馆阅读服务最直观的途径。阅读推广活动的主题是否新颖鲜明，是能否吸引读者的首要条件。欧美等发达国家在策划阅读推广活动的主题时往往创意十足，相比之下，我国高校图书馆阅读推广活动的主题则略显乏味，过于书面化和口号化。

一个特色鲜明的阅读推广主题可以成功地吸引读者的目光，而能否将读者"留在"图书馆，还要从阅读推广活动所持续的时间这一方面进行考量。阅读服务推广作为高校图书馆的一项基础业务，更应该常态化，让读者感到"常来常有，常来常新"。而目前我国高校图书馆的阅读推广活动则多集中在每年 4 月 23 日的"世界图书日"前后举行，持续时间大约为一个月，没有持续地开展下去。

此外，阅读服务推广要吸引读者，还离不开数字化科技手段的支持。近年来随着移动信息技术的发展，数字阅读在青年学生群体中越来越普及。以往以纸质文献资源为中心的阅读推广手段难以适应高校图书馆读者的阅读需求，提高阅读服务推广中的数字化程度，建立统一的数字化管理平台，为读者提供个性化定制服务等，不仅可以激发读者兴趣，还大大节约了图书馆进行阅读服务推广的各项成本。

4. 阅读服务研究

阅读服务研究是高校图书馆开展阅读服务的重要保障。一个只有先进技术和优秀资源却没有科学管理理念的图书馆是无法运转的，具体到高校图书馆的阅读服务工作，若没有阅读服务研究的支持，其他工作的开展无异于盲人摸象。

在高校图书馆开展阅读服务研究，首先要解决谁来研究、怎么研究的问题。一个独立的阅读服务组织能够承担馆内相关阅读服务的研究工作，为阅读服务的改善提供智力支持，对促进阅读服务创新起着推动作用。

除此之外，阅读服务研究是否贴近读者需求、相关研究是否活跃也是影响阅读服务研究的重要因素。近年来，高校图书馆逐渐从"书本位"的观念过渡到"人本位"的观念，从读者需求出发成为高校图书馆开展各项工作的基本出发点。相应地，阅读服务相关研究也应从读者出发，在贴近读者需求的同时最大限度地发挥研究热情，确保阅读服务的相关研究紧密围绕读者的需求开展。

5. 阅读服务效果

阅读服务效果是高校图书馆阅读服务评价的终极目标。高校图书馆阅读服务效果的好坏，直接影响整个阅读服务质量的好坏，是反映高校图书馆阅读服务工作状况最直观的标准。具体来说，阅读服务效果主要体现在对读者阅读动机、阅读习惯、阅读能力这三方面的影响。

高校图书馆的读者多为在校大学生，正处在人生观、价值观、世界观的探索与形成阶段，阅读则成为这些青年学子认识世界、体验人生的一种重要方式。因此，一个正确、积极的阅读动机的形成，对高校图书馆的读者来说是受益终生的宝贵财富。

阅读习惯与阅读能力的培养同样离不开高校图书馆的参与。通过图书馆开展的一系列阅读推广宣传活动，唤起广大读者的阅读兴趣，进而循序渐进地帮助读者形成良好的阅读习惯、不断提高阅读能力，不仅有助于读者提高自身素质，更有助于形成"全民阅读"的社会风气。

（三）高校图书馆阅读服务评价的意义

第一，对高校图书馆而言，可以改善高校图书馆的阅读服务现状，有助于发现当前阅读服务工作中的不足之处，从而有针对性地解决问题。最大限度地优化组织性能，提高阅读服务的工作效率，促进阅读服务工作的可持续发展。

阅读服务评价的开展是一项针对图书馆工作的微观评价，与 SERVQUAL、LIBQUAL 等从整体角度出发的宏观评价不同，二者是相互补充，相互促进的关系。高校图书馆各项工作的开展离不开这两者的相互配合，宏观评价测度的是系统的运行状况，其结果通常可以定量地表示出来；而微观评价探讨了一个系统是怎样运行的，以及它为什么会这样运行。宏观评价有助于了解和掌握图书馆整体状况处在什么位置上，但本身并没有指明该系统为什么会以此状态运行，以及今后为了改进系统的性能需要采取什么措施。微观评价则恰好补充了宏观评价的不足，它考虑的是影响系统性能的各种因素，从具体的工作环节查找原因，提出相应对策和方案，因此，如果要求改进系统的性能必须对系统进行微观评价。

第二，对于读者而言，高校图书馆通过阅读服务评价有针对性地开展工作，改善服务状况，将给读者带来更好的"用户体验"。

高校图书馆开展阅读服务评价，读者无疑是最大的受益者。服务的根本目的就是用户满意，而阅读服务的根本目的也是读者满意、促进阅读，阅读服务评价的根本目的也是以读者为中心，传播阅读文化，促进阅读推广。每当读者走进图书馆，感受着阅览座位的舒适度，文献借阅的便利度，图书馆馆馆员服务态度的亲和力等状况的改善，无形中就会受到影响，良好的阅读体验会带来良好的读者评价，而良好的读者评价不仅会带来很多的读者，也在潜移默化中影响着读者的阅读习惯。大学生作为高校图书馆最大的读者群，在良好的阅读习惯影响下，可以从中受到思想的教育和情感的熏陶，也必然会是一笔受益终身的人生财富。

校园阅读文化的形成，对建设书香校园具有重要意义。高校图书馆作为高等学校的信息保障中心，在校园阅读推广活动中起着至关重要的作用，而阅读服务评价本身就是用来测评校园阅读推广活动的成效，以及是否真正起到了促进阅读的作用。

第二节　优化高校图书馆阅读服务质量的措施

一、注重阅读服务效果的持续性反馈

阅读服务效果作为检验高校图书馆在阅读服务工作中的核心指标，是当前提高高校图书馆阅读服务质量的首要任务。高校图书馆应本着以人为本、以读者为中心的原则，提供真正贴近读者需求的阅读服务。

（一）缩短服务半泾

根据研究结果，要提升阅读服务效果，高校图书馆应当结合自身情况，适当延伸服务触角，缩短服务半径。在校内图书馆以外的地点，如学生公寓、学生餐厅、综合教学楼等人流量较大的地点，设立图书借阅站，提供与图书馆同等质量的阅读服务。同时，也应当根据所选地点自身区位优势的不同，对图书借阅站的服务内容进行适当调整，突出每一个图书借阅站的服务特色。例如，在学生公寓内设立的图书借阅站，在文献资源的内容与类型的选择上，应侧重文学类，以丰富读者的课外生活。而在学生餐厅附近设立的图书借阅站，则应当将服务重点调整到图书归还、阅读推广宣传等方面，以贴近读者生活的方式，将阅读服务推送至读者身边，达到提升阅读服务效果的目的。

目前，已有部分高校尝试采用此种方式提升阅读服务效果，如潍坊学院建立"学生公寓阅览室"试点，在学生公寓中心的大力支持下，本着学生自选、自管、自用的原则，由学生到图书馆挑选自己喜欢的图书，并招募大学生志愿者作为图书管理员。运行一个学期来，学生公寓阅览室深受学生的欢迎。

（二）保持读者联系

长久以来，高校图书馆与读者始终没有形成积极的互动关系，高校图书馆作为阅读服务的提供者，应该不遗余力地推广各种形式的阅读服务，然而由于所提供的阅读服务形式雷同、缺乏创造性，常常无法真正吸引读者，导致阅读服务的效果不甚明显。而读者作为阅读服务的接受者，则更显被动，缺乏参与积极性。

因此，若要唤醒读者的阅读积极性，提升阅读服务效果，就需要高校图书馆主动地深入读者，保持读者联系，促进读者身份由阅读服务被动接受者向阅读服务主动需求者的转变。

高校图书馆可借鉴市场营销领域的客户关系管理（customer relationship management，CRM）理论。通过开展系统化的客户研究，有效管理客户资源，更有针对性地提供给客户满意的产品和服务，并和客户建立起长期、稳定、相互信任的密切关系，为企业吸引新客户，锁定老客户，提高效益和竞争优势。并且，CRM"以客户为中心"的理念正与图书馆"以人为本"的理念不谋而合。

将客户关系管理理论应用于对阅读服务效果的考察中，建立读者回访制度，通过对读者的跟踪回访，深入了解读者对于阅读服务效果的感受与需求，与读者形成良性的互动关系。通过对读者反馈的持续性追踪，从而不断改进高校图书馆的阅读服务。

二、阅读推广常态化发展

阅读推广作为高校图书馆阅读服务的关键环节，其开展程度直接影响着阅读服务质量的高低。阅读推广常态化不仅能够增进图书馆与读者的交流，培养读者黏性，还能够在丰富读者精神世界的同时促进全民阅读校园文化的形成。

（一）多渠道开拓阅读服务

随着 Web 2.0 时代的到来，阅读推广早已不再局限于传统的读书会、主题征文、图书漂流等方式，微博、微信等公共社交数字平台为高校图书馆阅读推广提供了更多的创意与吸引力。

在阅读推广过程中，可以考虑将以往单一的活动平台改为"双平台"模式。顾名思义，"双平台"即两个平台，在这里主要指线上平台与线下平台。线上平台的主要工作内容有二：一是承担阅读推广活动的宣传任务，借助微博、微信、博客等公共社交网络，将有关信息推送给广大读者，为阅读推广活动的深入开展打下坚实的基础；二是与读者交流互动，解答读者疑问，并负责活动结束后对读者进行回访。线下平台则主要负责资源的优化与整合，结合活动主题，将纸质文献资源、数字文献资源以及与主题相关的影音资源等整合在一起，增加阅读推广活动的吸引力。

由于高校图书馆的读者绝大多数为在校大学生，而这些人又恰恰是社交网络最主要的用户。因此，国内外高校图书馆都十分重视移动阅读推广在读者群中的影响力，积极投身于新兴阅读推广方式的研发与推广中，丰富阅读推广活动的多样性。比如同济大学图书馆开展的"立体阅读"推广活动，新加坡南洋理工大学推行的"口袋图书馆"等活动，都在读者群中取得了良好的反响。

（二）提高阅读推广频率

提到阅读推广，受访读者总是一脸茫然，大多数人都认为很少看到相应的阅读推广活动或者很少有机会关注到阅读推广；而高校图书馆觉得这样的反馈有些难以接受，毕竟每一次的阅读推广活动，图书馆也都投入了大量的人力物力，力图最大限度地吸引读者，激发读者的阅读兴趣。

高校图书馆和读者对待阅读推广之所以会出现截然不同的看法，其原因之一就在于阅读推广的周期。不少学者也指出当前阅读推广在周期安排方面出现的问题：一方面，"活动周期过长，多数馆平均每月举办一到两次活动，甚至有的馆一个季度才举办一次活动，阅读推广缺乏连续性，很难实现推动全民阅读的目标"；另一方面，"一些阅读推广活动成为运动式阅读、快餐式阅读，将阅读活动本身变成了'嘉年华'，只追求统计数字，而不管实际效果，热热闹闹的'阅读周''阅读日'过后，曲终人散，缺少持续性"。简单地说，"举办频率低，单次活动周期长"是目前高校图书馆在阅读推广周期方面存在的问题。

因此，在今后进行阅读推广时，高校图书馆可以适当地缩短阅读推广时间，提高阅读推广频率。阅读推广活动不必集中在每年的"世界读书日"前后举办，而应当常办常新，每周一个主题，结合校园读者关注的热点，在短时间内调动读者的积极性；同时，阅读推广活动频率的提高又能够确保高校图书馆长期保持与读者的联系。从长远来看，阅读推广活动周期的缩短与阅读推广活动频率的提高，二者相辅相成，互为补充，在培养读者黏性方面起着十分积极的作用。

三、提升阅读服务指导的科学性

阅读服务指导在阅读服务中起着至关重要的作用，科学专业的阅读服务指导能够带给读者良好的阅读体验，间接影响着阅读服务的质量。

（一）重视组织建设

早在 2009 年 9 月，中国图书馆学会就成立了阅读推广委员会，该阅读推广委员会致力于加强图书馆学中关于阅读文化和阅读服务的研究，推进全国图书馆服务工作和阅读活动的开展。阅读推广委员会共设立了阅读文化研究委员会、推荐书目委员会、藏书文化研究委员会、图书馆与社会阅读委员会等 15 个专业委员会，它们引导着全国图书馆界广泛而深入地开展全民阅读活动。高校图书馆可借鉴此种方式，在本馆内部设立阅读推广委员会，负责阅读推广计划的制订与宣传，阅读服务项目的策划与监督以及读者评价等相关工作。

需要注意的是，由于阅读推广活动是在多种因素共同参与下开展的，并非图书馆一己之力就能胜任的。因此，在高校图书馆内部成立的阅读推广委员会并非一个静态的职能部门，阅读推广委员会应当是一个组织程度相对松散的项目团队。这样在阅读推广的过程中，就可以最大限度地发挥灵活性，吸纳更多人才参与到阅读服务的过程中去。

（二）构建新型管理模式

我国高校图书馆内现行的管理体制大多为垂直式的管理模式，上级对下级领导，下级对上级负责。这就导致各平行部门之间缺乏有效的沟通，存在重复劳动或者管理盲区的问题，从而影响图书馆整体功能的发挥。

要提升阅读服务指导的科学性，就需要引进科学的管理理念，广泛地将各部门联系起来。有学者提出构建"矩阵型"交叉管理模式，在传统的按图书馆的职能或功能形成的部门基础上，辅之以按项目划分的小组，结合而成一种全新的组织结构管理模式，呈现纵横交错的矩阵型。它在传统的垂直管理模式的基础上增加了数条水平管理链，矩阵结构中的人员在执行任务时，主要服从横向领导，行政上仍是原单位成员，任务完成后归队，项目小组撤销，其成员回到各自的岗位。完成任务所需的人力、物力、财力、设备、技术手段等均由横向领导统一管理，纵向系统应给横向系统创造完成任务的必要条件。这样，图书馆在项目任务的过程中，不需要把该任务从一个部门转到另一个部门，而是更换有关人员即可。

利用此种管理模式，能够最大限度地增加组织的灵活性，充分发挥馆员的个性与专业技能，达到优势互补的效果，真正意义上提升阅读指导科学性。

第三节　高校图书馆移动阅读服务的发展对策

一、重视高校图书馆移动阅读服务推广

我国高校图书馆移动阅读服务现总体处于起步阶段，发展速度较缓，服务内容较为单一，提供移动阅读服务的高校图书馆数量较少。因此，要想将图书馆移动阅读服务真正发展起来，全体高校必须提高认识，意识到发展图书馆移动阅读服务的重要性和紧迫感，将发展高校图书馆移动阅读服务作为图书馆建设的重要部分。

高校图书馆要注重对移动阅读服务的推广，充分利用新生图书馆培训、高校校园网、图书馆公告、图书馆信息门户网站、网络信息平台、图书馆讲座等途径充分宣传、推广图书馆移动阅读服务，必要时对高校用户进行培训，使用户充分了解、并主动参与到服务中来，建立、培养用户群体，提高图书馆移动阅读服务的利用率。

二、完善高校图书馆移动阅读服务技术

（一）加强移动阅读服务系统建设

高校图书馆移动阅读服务建设应紧跟移动信息技术的发展步伐，重视移动阅读服务系统的开发、建设、维护与升级。现阶段，我国提供移动阅读服务系统的供应商正在积极开发、推广各自的成果，高校图书馆应积极主动联系各系统供应商开展合作，如：清华大学、北京大学图书馆正在使用北京书生公司的"书生移动图书馆系统"。此外，国外系统资源如 EBSCO Mobile、IEEE Xplore

Mobile Digital Library、Cengage Learning 公司的 Access My Library 等；国内系统资源如书生移动图书馆系统、江苏汇文软件公司的汇文移动图书馆系统等。除了合作方式，高校也可以依托自有的科研资源自行设计、开发图书馆移动阅读服务系统，积极开通移动服务客户端，方便高校用户使用。同时高校图书馆还要注意，在图书馆移动阅读服务系统投入使用的过程中，对用户进行使用与需求的跟踪分析，并根据用户的移动阅读行为与偏好，即时调整、改进服务系统，以便满足用户的实际需要。

（二）提供移动阅读终端设备

我国台湾地区多所高校图书馆、公共图书馆提供 iPad 免费借阅服务。"2013年4月23日，复旦大学图书馆在各校区分馆推出了平板电脑免费出借服务试点。可通过复旦大学内的 Wi-Fi 网络访问图书馆各类型数据库、电子书刊，平板电脑内安装了复旦大学移动图书馆客户端、方正阿帕比电子书客户端、阅读学习网络资源客户端等。"同年6月，"西北民族大学也向在校师生推出平板电脑出借服务"。为培养高校师生的移动阅读行为，提高图书馆移动阅读服务质量，为用户免费提供移动阅读终端设备是大势所趋。阅读终端可以是平板电脑或电子书阅读器，二者相比，平板电脑功能较多，可下载移动阅读服务客户端，但相比电子书阅读器价格偏高。无论提供何种移动终端，都是惠及高校师生的好事。

（三）开设覆盖免费 Wi-Fi 的阅览室

面对移动网络流量资费偏高这一问题，高校图书馆应开设覆盖免费 Wi-Fi 的阅览室，为读者提供便利的移动阅读服务。开设覆盖免费 Wi-Fi 的阅览室也是高校图书馆用户的一致心声。有部分高校能够在图书馆内安装 Wi-Fi 热点，供图书馆内使用，如电子科技大学、复旦大学、东北大学等。提供免费 Wi-Fi 的目的是供读者查找、下载图书馆电子资源，包括访问各类期刊网、数据库等，方便读者进行馆藏资源检索、图书续借、预约等操作。如高校图书馆引用了电子书借阅设备，免费 Wi-Fi 的提供更加方便用户在馆内对电子书的下载与借阅。

三、丰富高校图书馆移动阅读服务内容

（一）整合网络移动阅读资源

多数高校用户偏好的移动阅读内容为文学、小说或豆瓣、天涯等社区的内

容；而多数高校用户的移动阅读目的也是打发闲散时间以及休闲娱乐。目前的网络资源中，榕树下原创文学网站、红袖添香小说网、潇湘书院等网络文学深受当前 90 后、00 后大学生的追捧。这些网络文学具有内容符合学生网民的休闲阅读需求、连载形式发布、内容更新速度快、新作源源不断等特点，拥有数量众多且稳定的读者群体，这些"忠实"的读者中，高校学生占了很大比例。因此，若高校图书馆能够根据用户群体的阅读需要，有针对性地整合部分网络阅读资源，作为图书馆移动阅读服务的内容提供给用户，相信必定能吸引读者眼球，有效提高高校图书馆移动阅读服务的使用率。

（二）促进馆际资源与服务共享

由中国高等教育文献保障系统管理中心联合 22 家高校图书馆共同发起成立了中国高等学校数字图书馆联盟。这一联盟是我国早期高校图书馆移动阅读服务馆际合作的萌芽。随着网络信息技术的不断发展，数字图书馆服务模式也逐渐转向图书馆移动阅读服务，学者梁欣在文章《移动图书馆联盟：高校图书馆信息资源共享未来的发展趋势》中指出："成立高校移动图书馆联盟，可以整合数字信息资源、优化信息服务。联盟也就是图书馆馆际合作的一种模式，加强高校图书馆移动阅读服务的馆际合作，不仅是单一的馆际数字信息资源的融合，也是促进服务系统共享与移动信息服务共享的新途径，从而解决关于版权限制、技术开发、资金缺乏等一系列问题，也是我国高校图书馆移动阅读服务建设与信息资源共享的发展趋势与理想模式。"

（三）充分结合用户移动阅读需求提供服务

高校用户是图书馆移动阅读服务的客体，用户对服务的需求及体验关系到高校图书馆移动阅读服务的发展方向，及时调查、分析、掌握用户的移动阅读需求是高校图书馆应长期开展的服务内容之一。用户对图书馆的移动阅读需求主要包括对服务系统的满意度、对服务内容的需求、对服务模式的需求等。为使用户满意服务系统，高校图书馆须及时跟进用户对系统的使用行为及特征分析，根据用户需要优化服务系统；为使用户满意服务模式，就需要高校图书馆不断探索、尝试新的移动阅读服务模式；为从移动阅读服务内容的角度契合用户的需求，需要高校图书馆实时开展调查，或根据不同读者群体的书目检索、内容查询等数据进行分析排行，提供读者需求量大、呼声较高的移动阅读服务内容，以契合高校用户的移动阅读需要。

（四）丰富基于网络平台的移动阅读内容

2015年2月4日，武汉大学图书馆微信公众号推送了一则"2015年硕士研究生入学考试初试成绩查询及复查"的公告，仅一日内阅读量过万；北京大学图书馆微信公众号每日更新推送移动阅读内容，推送的内容按照一定的主题进行分类推送，如"馆藏撷珍""图书馆员看世界""光影图书馆""图书馆好书推荐""视频百科"等，每篇内容有数百次的阅读量；华东政法大学图书馆亦是通过微信、微博平台发布"书香华政""影音天地""诗情画意""一日一书"等主题模块，提供书目推荐、导读、视频、图片、科普知识等移动阅读内容，同时面向师生征集推荐书目及简介，大大提高了用户的参与度。高校图书馆应以此为例，建立网络平台（包括图书馆信息门户网站、微信、微博、客户端等）并充分利用，除发布图书馆服务信息，或发布作品连载、或进行阅读意向调研、或推荐优秀馆藏文献、或推送百科知识，也可以组织用户结合热门时事进行讨论、举办移动阅读相关互动等。丰富高校图书馆移动阅读服务内容，提高用户的移动阅读兴趣，同时提高用户对图书馆移动阅读服务的利用率与参与度。

四、建设智能化兼个性化的图书馆移动阅读服务模式

（一）增强高校图书馆移动阅读服务的主动性

高校图书馆要提高对移动阅读服务的认识，提高服务的主动性。如大力开发建设移动阅读服务系统，并根据对用户的跟踪调查分析及时进行反馈修正与系统优化；增加图书馆移动阅读服务的宣传与推广，提高用户的认知程度；主动寻求与北京书生公司、超星公司、方正阿帕比公司等开展合作关系，引进如电子书借阅机等的移动阅读服务设备，保障阅读内容的查询与下载；积极开发移动图书馆客户端，拓宽服务渠道；主动融合社会网络信息资源，丰富用户的移动阅读内容；主动为高校图书馆用户发送短信，引导用户积极使用图书馆移动阅读服务资源；积极创造条件满足非本校师生的社会公众的移动阅读需求，使高校图书馆移动阅读服务公益化等。

（二）加强移动阅读服务的智能化服务建设

基于Web 3.0的图书馆3.0服务理念最大限度地体现服务的智能化，随着信息技术与互联网技术的不断发展，图书馆移动阅读服务已不仅局限于简单的交

流互动，更多的是在互动的基础上体现图书馆的智能化服务。智能化移动阅读服务将是高校图书馆移动阅读服务的延伸与发展趋势。高校图书馆应积极搭建互动服务平台，如微信、微博、App 客户端等，为用户与图书馆、用户与用户之间搭建沟通交流的平台；同时发展图书馆智能服务，将用户的问题、意见或建议加以集成，并根据图书馆数字信息资源进行筛选、处理，以简要且重点的信息反馈给用户。加强移动阅读服务的智能化服务建设，将是高校图书馆服务的未来发展趋势。

（三）注重移动阅读服务的个性化服务理念

高校用户需要图书馆提供个性化的移动阅读服务，高校图书馆提供个性化移动阅读服务也是基于图书馆 3.0 理念下的高校图书馆发展的必然趋势。个性化服务，不仅是传统意义上的对每位图书馆用户进行实时服务。伴随移动阅读服务的智能化发展趋势，图书馆的个性化服务需要不断分析、掌握用户在移动信息环境下的阅读需求与阅读行为特征，并根据用户对图书馆的搜索、咨询行为进行分析，通过计算机智能实现针对用户建立个性化移动阅读行为模型，图书馆根据用户的个性化移动阅读行为模型为用户提供个性化的信息定制、个性化信息内容检索、个性化参考咨询、个性化阅读推送、个性化图书馆收藏等个性化服务。

（四）提高高校图书馆馆员的综合素质

提高高校图书馆馆员的综合素质，需要从理论学习与实践能力两个方面着手。高校图书馆馆员理论学习包括提高对高校图书馆移动阅读服务的认识；对图书馆移动阅读服务相关文献、研究资料的学习；对国外图书馆以及国内优秀高校图书馆先进理论成果、先进做法的学习；对先进互联网技术的学习；对高校图书馆用户群体特征的认知学习；对图书馆相关学科理论知识的学习等。提高高校图书馆馆员的实践能力包括提高信息技术环境下对图书馆移动阅读服务系统的操作与系统维护能力；提高对高校用户的移动阅读行为特征进行实时调查、实时分析的能力；提高对高校图书馆移动阅读服务的宣传推广以及业务培训的能力；对运用理论技术回复高校数字参考咨询的能力；提高馆员通过微博、微信、客户端等网络平台与图书馆用户进行互动的能力等。全方位提高图书馆员的综合素质，更好地为高校用户提供优质服务。

五、高校图书馆移动阅读服务改进策略

（一）强化阅读内容资源建设和管理

随着移动终端和网络不断发展，移动图书馆阅读资源服务不再局限于数字图书馆平台资源的平移，而需要进行深层次、多样化服务。

针对这一问题，高校图书馆可以通过以下几个方面的工作加以实现：第一，应根据读者需求，对现有资源进行重组、内容规范，对图书馆资源进行深度加工。加大学术视频、讲座、精品教程、纪录片、音频资料的收集、储存和转换工作。第二，加强本校特色资源和图书馆联盟建设，实时发布重点学科的前沿信息和学科动态，为学科团队、学科竞赛等研究机构提供专业服务，拓宽图书馆服务范围和内容，充分满足教师和学生阅读需求。第三，要加强对学生的阅读兴趣的培养、阅读行为的引导，可以引进一些休闲娱乐方面的阅读资源，如生活小百科、政策新闻、体坛快讯等内容，适当订阅一些时尚娱乐电子杂志，供学生打发空闲时光，通过此方法也可以增强学生用户对图书馆服务起到黏附作用。第四，积极和内容供应商合作，获得出版物数字版权许可。比如上海图书馆与盛大文学合作，通过"云中书城"获得海量数字阅读资源。

另外，还可以通过拓展移动图书馆的服务。比如，引导大学生组建在线学习小组，分享阅读资源和阅读心得等，多渠道创新服务，改被动服务为主动服务。

（二）改进移动阅读服务技术

在开展移动阅读服务中，不仅要强化阅读内容资源建设和管理，还要加大移动阅读技术的研发，改进图书馆移动阅读服务水平。

提高数字资源在不同设备中兼容性，满足不同用户的阅读需求。通过元数据整合技术对馆内外的中外文图书、期刊、报纸、学位论文、标准、专利等各类文献进行全面整合。在移动终端上实现资源的一站式搜索、导航和全文获取服务。接入功能强大的云共享服务体系，平台提供 24 小时云图书馆文献传递服务。无论是电子图书还是期刊论文，都可以通过邮箱接受到电子全文。

随着 Web 3.0 理念的普及，用户在阅读过程中更希望根据自己的喜爱和习惯来利用 Tag 标签等描述组织数字资源，也愿意通过评论、转发、收藏等方式来实现阅读资源的组织、建设和管理。而且，用户在利用阅读资料时，还会通过个人博客、微博、播客等方式为互联网创造更多数字资源。强大的云笔记功

能，可以使得用户在任何时间、地点以原手记或键盘输入的方式将笔记、备注、标签等保存在云服务器数据库中。针对智能终端提供特色服务，如定制、推送和检索功能，可以根据用户填写的学科专业、研究或关注领域、兴趣爱好和所需的信息资料等，及时有效地给用户推荐其最有可能感兴趣或者最可能需要的阅读内容。这一切都需要图书馆加强相关移动阅读服务技术的研发。

（三）加强对用户移动阅读需求与行为的研究

图书馆移动阅读服务的开展不但使图书馆的资源突破了物理建筑延伸到移动终端，也使得图书馆突破了服务时间限制的困境。与此同时，也逐渐培养用户移动阅读的习惯，享受足不出户浏览图书馆资源的新潮流，更提高移动阅读服务的有效性，所以图书馆需要不断开展用户研究，跟踪调研用户移动阅读需求与行为的变化。

随着工作、学习、生活、科研节奏的加快，用户对资源的即时性获取需求越来越强，用户在工作、学习、生活、科研过程中遇到问题时，最希望尽可能快地获得所需的资源，在用户即时性需求的推动下，用户对资源的易用性也比原来要求得更高。资源的即时性和易用性的需求，不仅要考虑用户的不同知识储备程度，还需要考虑用户的年龄层次。信息社会里，数字资源呈现爆炸式增长，面对海量的信息资源冲击，用户对文献的不同加工层次（包含摘要、综述、目录）阅读内容有强烈需求，这就要求图书馆提供的阅读内容是更加适合移动阅读方式的微阅读。

依托资源、技术优势，准确及时地掌握用户的阅读需求和行为特征，帮助任何用户（any user）、在任何时候（anytime）、任何地点（anywhere）获取任何图书馆（any library）的任何信息资源（any information resource），为实现移动图书馆的最终目标奠定坚实基础，为移动阅读服务发展制定出新的策略。

（四）完善移动图书馆阅读系统，提高个性化服务水平

在移动阅读服务技术与系统方面，图书馆应根据用户需求不断完善其移动阅读服务系统。首先，移动阅读内容要简洁明了，提高内容的载入速度，降低用户在阅读过程中产生的流量费用。其次，构建适合各类移动终端的接入与访问的服务网站，丰富站内服务项目；并且根据系统的移动终端适配，对浏览页面进行智能重排。再次，根据用户需求归纳出适合移动阅读的内容，并按照读者和阅读类型进行分类，注重使用界面交互性能，实现一站式在线阅读、下载、

借阅、咨询和检索功能。针对用户对读物存在多终端存取的特征，图书馆应开发云存储管理功能，并且可以利用阅读软件智能管理阅读进度和建立个人资料库，便于用户对已阅读内容与阅读进度等进行统一添加书签、标注、笔记、存储，跨屏调取，进行连续阅读或重复阅读。

根据 Web 3.0 社交软件的特点，提供阅读、分享、交流、讨论等服务，针对用户学科、学历和性别等背景对移动阅读知识进行分类，有利于从用户特征角度把握用户需求，进行个性化服务。建立用户个人资料库，通过信息挖掘、知识发现等技术，对各种信息资源进行加工，重组出用户所需要的阅读内容，向用户推送。此外，推送信息要适量，不能太过频繁，会给用户带来负面影响。同时，实时开展奖励互动活动，更能持久地吸引用户的关注。

（五）加强移动阅读服务宣传推广工作

图书馆阅读宣传推广需要通过一定的形式和媒介，选择适当的内容和手段，培养用户新型阅读习惯。

1. 社会化网络的应用

通过对我国多所高校调研发现，部分高校开始应用社会化网络技术，开通移动图书馆官方微信、微博、贴吧交流平台，通过此类平台实现用户和图书馆频繁互动，有力地宣传和推广图书馆服务。还可以利用用户群体在平台上转发和推荐给好友的方式，向朋友和社区团体的推荐，这种方式更容易被读者用户接受。

2. 移动终端外借

通过调查发现，用户对移动终端外借业务需求率较高，国内一些高校得到移动终端商的支持，已经开展移动终端外借业务，深受读者用户的喜欢。这也将是图书馆进行移动阅读推广的重要手段。移动终端外借业务，不仅是硬件的外借，还包括内容资源的外借，有效提高图书馆数字资源的使用率。同时也满足不同用户群体的阅读需求，真正实现阅读的平等性。

3. 图书馆开展宣传工作

图书馆可采用网站视频讲解、宣传手册、海报张贴、电子公告等方式，对用户进行移动终端使用和阅读内容的选择进行指导，帮助用户准确获取最需要的阅读资源，提高移动图书馆在用户中的认知度。建立专门的阅读推广宣传影像视频，策划举办新生入馆使用培训。通过图书馆网站信息通告、校园海报、短信通知等多种方式推广，促进图书馆移动阅读服务顺利发展。

第七章　移动图书馆阅读服务趋势

　　移动图书馆具有实时性、便捷性、互动性和个性化等特征，能够满足用户多元化的需求，其快速、高效和灵活的特点能够适应移动互联网时代的挑战。随着时代的发展和技术的进步，未来的移动图书馆将充分发挥其优势特征，为用户提供更丰富、更便捷和更新颖的服务。

第一节　实时性移动服务

　　实时性移动服务，是指移动图书馆的用户能够在第一时间收到图书馆发出的实时性信息，包括各种提醒类的通知、用户预定的即时信息，以及相关推荐资源等。移动图书馆的实时性服务是基于时间维度的移动服务，它可以让用户通过短信等方式及时收到图书馆的各种实时信息，如图书到期提醒（或称图书催还提醒）、图书续借提醒、预约书到馆提醒、罚金提醒、新闻通知、讲座通知、开闭馆通知、新书通告等内容。用户也可以随时定制和获取需要的信息内容，比如订阅感兴趣的图书和期刊资源，定时地接收图书馆发来的最新资讯。实时移动服务还包括移动检索等服务，用户可以及时地获得移动检索结果。移动图书馆允许用户随时访问图书馆的移动馆藏资源，今后还将根据不同用户的需求提供动态的、实时性的移动信息推荐服务。未来的移动图书馆将为不同的用户提供更加专业和满意的服务。

　　此外，移动图书馆还可以实现各种图书罚金或其他款项的实时支付功能。如果需要支付的金额不大，用户不必到馆就可以在移动设备上完成相关业务的支付。这样不仅方便了广大用户，也满足了用户的移动支付需求。尽管图书馆的实时性移动支付服务比较便捷，但是这项服务也存在一定的风险性，需要采取严格的措施加以防范。随着移动技术和移动设备的不断发展，实时性移动服务会成为未来移动图书馆的一种服务趋势。

第二节 定位性移动服务

定位性移动服务，是一种基于位置信息的移动定位服务，能为图书馆用户提供馆藏资源定位和图书馆导航等方面的服务，是移动图书馆的一个发展方向。对于图书馆的新用户而言，在众多的书架中找到需要的图书是一件比较困难的事情，因为新用户通常对馆藏分布并不熟悉。如何准确找到目标资源，图书馆的移动定位服务能充分发挥作用，用户可以根据移动设备上所显示的图书定位导航，顺利地找到所需的图书。例如，用户首先进行馆藏检索，查询所需资源在图书馆的位置，然后通过手机等移动设备拍摄对应的二维码，移动定位服务会自动指引用户找到资源所在具体位置。目前，国外已有少数图书馆开展了馆内移动定位服务，但这种服务还不够普及，未来的移动图书馆将不断拓展这项服务，为更多的用户提供服务。

移动图书馆能够根据用户所处的位置，告诉用户所需的资源在最近的哪家图书馆，这种基于位置的移动定位服务可以大大节省用户的时间。利用移动图书馆定位服务，用户可以通过手机等移动设备查询临近的图书馆是否有所需图书，如果附近图书馆有需要的资源，即可马上前往借阅，这项服务充分体现了移动图书馆服务的便捷性。移动图书馆的定位服务，将移动馆藏资源与移动导航技术相结合，具有较强的实用性和应用性。

第三节 交互性移动服务

交互性移动服务，是移动图书馆利用移动设备实现的一种互动服务方式。珍妮弗·弗莱明（Jennifer Fleming）认为交互是两个或多个人进行想法、情感或物体的交换过程；而计算机领域的交互主要通过技术实现，它与现实中的交互一样具有复杂性。在移动互联网时代，移动通信技术与 Web 2.0 应用相结合，可以为用户提供良好的交互性移动服务，例如，移动微博、移动网络社区、移动百科全书等正表现出强大的生命力。尽管目前的移动图书馆服务内容比较丰富，但还是缺乏一定的互动性。如果能将 Web 2.0 的应用与移动图书馆的服务相融合，无疑会使移动图书馆如虎添翼。移动图书馆的用户可以利用移动设备随时浏览电子书，查看其他用户对该书的评论和感想，还可以与其他用户进行实时互动。同时，用户也可以查看相关书籍在微博和移动网络中的信息，与其他用户进行分享和交流。这种移动图书馆服务不仅有助于促进用户之间的沟通，而且也有助于扩大图书馆的用户群，增强移动图书馆的用户体验。

随着移动社交网络的发展，用户可以在移动图书馆平台上对书籍进行评价、分享相关知识、参加学术讨论、加入兴趣群组等，充分享受移动图书馆带来的互动性和便捷性。未来的移动图书馆用户，可以通过移动馆藏目录检索到需要的图书，同时也会看到其他用户对本书的评论，进而判断是否需要借阅这本书。用户还可以通过其他用户的推荐找到相关的一些书籍。此外，用户还可以看到与该类图书相关的一些咨询问题，如果有该类图书的兴趣小组，用户还能浏览兴趣小组的讨论内容并加入其中讨论。利用移动图书馆的交互性，用户还可以向移动咨询系统提问感兴趣的问题，也可以像咨询馆员一样对熟悉领域的问题进行回答和评价。基于交互性的移动图书馆服务，为用户的学习和生活带来了很多方便，将成为移动图书馆未来的发展趋势。

第四节　个性化移动服务

个性化移动服务，是移动互联网技术与个性化服务的有机结合，能够根据不同用户的特征和需求，提供不同的移动资源服务，这是移动图书馆未来发展的一种趋势。个性化移动服务首先需要收集用户的偏好特征，不断地了解用户的特点和需求，在此基础上为用户提供不同的信息提醒、书籍推荐和最新资讯等个性化信息。移动图书馆的个性化服务与传统图书馆的个性化服务有所不同，它具有移动性、及时性和主动性等特点，而传统的个性化服务没有与移动通信技术相结合，不能及时、主动地为用户提供相关信息。

移动图书馆能根据用户的需求对信息进行收集、整理和分类，让用户随时获得所需要的信息。例如，移动图书馆可以根据用户感兴趣的内容，将最新到馆的书刊和用户需要的信息通过短信等方式及时推荐给用户，或提醒用户登录移动图书馆网站进行查询和阅读；移动图书馆还能结合 RSS（really simple syndication，简易信息聚合）技术为用户提供聚合移动信息服务，移动图书馆可以按照不同学科、主题和类型对信息资源进行分类整合，形成支持移动阅读的文档，为用户提供个性化的信息推送服务。现有的移动图书馆个性化服务，还包括"我的图书馆"服务，该服务支持图书馆为用户提供个性化的移动信息查询等服务，有助于用户随时了解个人的借阅信息等情况。对于现有的服务，应该在发扬其优势的基础上进一步拓展服务内容，提高服务质量，为用户提供定制、推荐、咨询和学习等多种个性化服务。

移动图书馆的发展，一方面取决于移动互联网技术的发展，另一方面取决于用户的需求和行为特征。根据有关研究，用户在访问图书馆时，一般先进行关键词检索，如果搜索结果达到 100 条，那么用户查看详细摘要等信息的比例一般只有 30%（30 篇左右），而读者会打开全文浏览的数量会缩减到 10 篇甚至更少，在简单快速浏览这 10 篇文献后，需要精读的也许只有 2 ～ 3 篇了。未来的移动图书馆，将以个性化服务和学术速读为主，而基于台式电脑的数字图书馆更适合以精读为主。移动设备的个性化特点决定了个性化移动服务将是未来移动图书馆的一个重点发展方向。随着移动技术的发展，移动图书馆可以根据用户的背景资料、兴趣偏好构建用户模型，主动为用户提供各种个性化的信息，包括文字、图像、音频和视频等多媒体资源。未来的移动图书馆服务，会根据不同用户的特点和情境需求，提供情境感知的个性化移动图书馆服务。

第五节　多元化服务趋势

在移动互联网时代，未来的移动图书馆会将实时性移动服务、定位性移动服务、交互性移动服务和个性化移动服务有机地结合起来，为用户提供多元化的移动图书馆服务。

从传统图书馆发展到数字图书馆，再发展到移动图书馆，图书馆的每一步发展都离不开信息技术的支撑和推动作用。在移动互联网时代，新型移动信息技术为移动图书馆的发展带来了新的契机。而移动互联网区别于传统互联网的一个重要特征，是移动终端的移动性、位置性和即时性，因此，基于情境感知的移动图书馆将是未来发展的方向。以手机为代表的移动设备能够为用户提供身份识别、位置搜索等功能，其移动终端的便捷化特征为移动图书馆服务创造了很多发展空间，未来的移动图书馆将以多元化服务为趋势。移动互联网时代，移动图书馆服务应该始终以用户为中心，将实时性服务、定位性服务、交互性服务和个性化服务有效地结合起来，为用户提供全方位的多元化服务。同时，移动图书馆应不断适应新技术和新环境的变化，为用户创造新型的移动图书馆服务模式。

随着移动通信技术的发展，用户获取和使用信息的方式发生了极大的改变。在当前的移动环境下，用户的需求具有复杂性、多维性和动态性，并且表现出极强的情境敏感性，这种需求特点的变化对移动图书馆服务提出了更高的要求。因为用户的信息需求不仅与用户的身份、兴趣、偏好等相关，并且依赖于时间情境、地点情境、用户任务，以及系统交互历史等情境信息，这种基于情境感知的服务将是未来图书馆满足用户多样化需求的重要举措。

第六节　移动数字图书馆功能设计

移动数字图书馆的用户需求是明确的，为用户提供服务的基础是图书馆所拥有的纸质和数字资源，以及图书馆员这一人力资源。各馆的资源总是有限的，而用户的需求是无限的。如何解决这个矛盾，可以通过区域联盟的组织形式和云平台的技术模式来解决。

一、移动数字图书馆联盟

（一）移动数字图书馆联盟建设要点

移动图书馆联盟的出现，对于移动数字图书馆的发展具有划时代的意义。它需要解决以下几个问题：

（1）内容提供的瓶颈问题与版权问题。

（2）提供整套的移动数字图书馆系统解决方案，包括不同文档的阅读转换、读者终端权限控制等。

（3）获得稳定的财政支持，具备可持续发展能力。

（4）合理的管理体制、运行机制；均衡的利益平衡机制。

（5）科学的信息资源共享模式等。

FULink 移动联盟的建设要点如下：

（1）共建联盟的联合目录共知、共享系统。

（2）建立单馆资源移动服务系统。

（3）共建移动数字图书馆联盟服务系统。

（二）移动图书馆项目的详细需求

读者能够通过手机及手持设备查看图书馆公布的各种信息：图书馆介绍，机构介绍，新闻，服务时间，借阅规则，到馆路线和公告等。

读者能够通过手机及手持设备对纸书的馆藏及借阅信息进行查询：馆藏 OPAC 资源进行统一检索、查询 OPAC 的借阅信息。

读者能够通过手机及手持设备对电子资源的馆藏及借阅信息的查询：读者能够通过手机及手持设备对本馆馆藏的电子资源进行统一检索、能够通过手机及手持设备在线访问馆藏电子资源。

读者能够在馆外访问图书馆内的所有数据库资源，不允许非法访问或者散播使用权限。

读者能够利用各种手机及手持设备对移动图书馆进行访问：系统支持苹果系统、Android 系统、塞班等操作系统，只要能够访问互联网的手机均可以使用移动图书馆。

技术强大的移动图书馆后台管理功能：系统应有方便的后台对用户进行管理、能够方便地查询读者的使用情况。

设计精美的个性化风格设计：为图书馆量身定制开发，与图书馆网站保持一致的 UI 风格。

二、移动数字图书馆云平台

"福州地区大学城文献信息资源共享平台"的移动数字图书馆联盟云平台结构见图 7-1。

基础层：包括两个部分，硬件基础包含 Web 应用服务器、数据库服务器、负载均衡服务器等共 24 台服务器、存储 30T，资源包括本地镜像资源、远程可访问资源，其种类包括纸质图书、电子图书、电子期刊、会议论文、学位论文、报纸、专利、标准、互联网免费资源等。

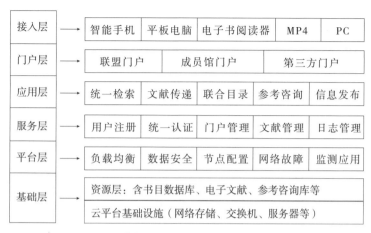

接入层	→	智能手机	平板电脑	电子书阅读器	MP4	PC
门户层	→	联盟门户		成员馆门户	第三方门户	
应用层	→	统一检索	文献传递	联合目录	参考咨询	信息发布
服务层	→	用户注册	统一认证	门户管理	文献管理	日志管理
平台层	→	负载均衡	数据安全	节点配置	网络故障	监测应用
基础层	→	资源层：含书目数据库、电子文献、参考咨询库等				
		云平台基础设施（网络存储、交换机、服务器等）				

图 7-1　移动数字图书馆联盟云平台结构图

平台层：主要涉及平台的服务器、存储、交换机等平台的运维。

服务层：主要涉及与用户服务有关的一系列功能，如用户注册、统一认证、文献管理、日志管理等。

应用层：统一检索、文献传递、联合目录、参考咨询、信息发布是其主要功能。

门户层：包含共享平台的门户、成员馆自己的门户入口等。

接入层：手机、iPad、MP3/MP4、PSP 等手持移动终端设备，笔记本电脑和台式机都可以是接入层设备。

三、平台功能设计

福州地区大学城移动数字图书馆联盟以手机、平板电脑等移动设备为载体、以资源共建共享为手段，结合云技术，建设一套基于元数据的信息资源整合为基础，以适应移动终端一站式信息搜索应用为核心，以云共享服务为保障，通过手机、iPad、MP3/MP4、PSP 等手持移动终端设备，为图书馆用户提供搜索和阅读数字信息资源，自助查询和完成借阅业务，为实现数字图书馆最初的梦想：任何人、在任何时间、任何地点获取所需要的任何知识构建现代图书馆信息移动服务平台。

（一）与传统服务集成：实现 OPAC 的移动检索与自助服务

OPAC 是用户检索和使用图书馆信息资源的主入口，可以查询图书馆馆藏纸书的详细情况，使读者能够完成在各种终端设备上的查询、浏览馆藏、预约、续借及接收通知等功能。

个人信息查询能显示历史借阅情况、归还日期、预约、欠费等信息，方便读者进行管理，通过读者身份统一认证进行登录。

热门推荐及热门借阅：通过推荐方式分享优质资源，形成读者与图书馆之间的互动。系统根据点击借阅量，定期统计出每本图书资源的使用情况，并将结果反馈给读者，这种统计信息也可以作为图书馆新资源采购方向的参考。

读者荐购：对于检索不到的图书馆资源，读者可做荐购处理。

（二）与数字服务集成：实现电子资源的一站式移动检索与阅读服务

系统应用元数据整合技术对本馆的中外文图书、期刊、报纸、学位论文、标准、专利等各类文献进行全面整合，在移动数字图书馆联盟平台上实现资源的一站式搜索、导航和全文获取服务，为用户提供便捷的检索体验。

（三）与共享服务集成：实现馆外资源的联合移动检索与共享服务

本平台不仅可以搜索到图书馆所有的文献资料，还实现检索大学城内其他几所图书馆馆藏书目系统、电子书系统、中文期刊、外文期刊、外文数据库，对检索到的文献，读者直接通过网上提交文献传递申请，并且可以实时查询申请处理情况，以在线文献传递方式通过所在成员馆获取文献传递网成员单位图书馆丰富的电子文献资源。

（四）与个性服务集成：实现信息交互与个性化定制服务

教参资源：教参资源学科、课程服务的必要基础。教参资源建设在提高教学质量和教学水平中发挥着重要作用。共享平台可为大学城师生提供全面、优质的教学参考资源。

馆务服务：在移动数字图书馆上将实现与图书馆常规业务的实际对接，提供在线参考咨询和对外信息发布服务。

1. 在线咨询

通过在移动数字图书馆上搭建在线咨询服务模块，解答读者遇到的与图书馆资源及其利用、文献查找、图书馆服务有关的各种问题。

2. 信息发布

信息发布平台通过对图书馆公开信息的通告和个人借阅信息通知，最大限度方便用户了解学校最新动态信息，实现其对图书馆资源更好地使用。系统管理员可根据不同身份的用户，分组推送不同内容的信息来实现最精确的推送。如预约到资源提醒、借阅到期前提醒、借阅超期催还、借资源成功提醒、还资源成功提醒、学校 / 图书馆公告等。

参考文献

［1］茆意宏.移动互联网用户阅读行为研究［M］.北京：中国社会科学出版社，2016.

［2］茆意宏.面向用户需求的图书馆移动信息服务研究［M］.北京：中国书籍出版社，2013.

［3］李东来.图书馆数字阅读推广［M］.北京：朝华出版社，2015.

［4］叶莎莎.基于情境感知的移动图书馆服务研究［M］.上海：世界图书出版上海有限公司，2015.

［5］图书情报工作杂志社.移动图书馆服务的现状与未来［M］.北京：海洋出版社，2015.

［6］广州市图书馆学会.图书馆合作创新与发展2016年卷［M］.广州：暨南大学出版社，2016.

［7］严潮斌，李泰峰.高校图书馆资源与服务体系建设研究［M］.北京：北京邮电大学出版社，2015.

［8］于亚秀，汪志莉，张毅.高校图书馆创新服务［M］.上海：上海社会科学院出版社，2016.

［9］王净，周建彩.创新服务融合图书馆建设发展研究论文集［M］.青岛：中国海洋大学出版社，2016.

［10］程大立.全媒体环境下图书馆阅读推广工作研究［M］.合肥：安徽教育出版社，2013.

［11］赵枫.大学阅读与图书馆信息服务［M］.长春：吉林人民出版社，2018.

［12］黄俊贵，邓以宁.社会阅读与图书馆服务［M］.合肥：安徽大学出版社，2010.

［13］李俊国，汪茜.图书馆儿童阅读推广［M］.北京：朝华出版社，2015.

［14］邱冠华，金德政.图书馆阅读推广基础工作［M］.北京：朝华出版社，2015.

［15］王余光.图书馆阅读推广研究［M］.北京：朝华出版社，2015.

［16］王波.中外图书馆阅读推广活动研究［M］.北京市：海洋出版社，2017.

［17］陈进.高校图书馆阅读推广案例精编［M］.北京：海洋出版社，2017.

［18］阮光册，杨飞.公共图书馆管理与服务［M］.上海：上海科学技术文献出版社，2015.

［19］吴晞.天下万世共读之公共图书馆与阅读推广［M］.上海：上海科学技术文献出版社，2014.